新時代の相互主義
地殻変動する
国際秩序と対抗措置

土屋貴裕・西脇 修［編著］

松本 泉・宮岡邦生［著］

文眞堂

はしがき

　トランプ政権下で加速した米中通商摩擦やデカップリングの動き，地政学的な緊張も含めた米中対立の深刻化や，2022年2月に始まるロシアのウクライナへの侵攻等を経て，既存の国際秩序は，国連安全保障理事会（安保理）や世界貿易機関（WTO）の機能不全に象徴されるように，大きな変化の時を迎えている。冷戦終結（1989年）後の約30年に及ぶ，安定したグローバリゼーション，相互依存の深化の時期が終焉したように見える。

　このように既存の国際秩序の機能が低下していることを受けて，対抗措置の役割が，国際的に急速に拡大しているように見受けられる。国連安保理決議やWTOの上級委員会の判断に代表されるような国際秩序の機能による秩序維持に代えて，対ロシア制裁等に代表される，対抗措置が秩序維持において一定の役割を果たしているのである。

　本書は，この国際秩序の機能が低下する中での対抗措置を始めとする相互主義をめぐる国際的な新たな動向について，国際政治，安全保障の専門家，実務家が，それぞれの観点から論じている。

　第1章では，西脇が，新たなパワーが急速に台頭することにより，従来の国際秩序が機能しなくなっていくことについて，WTOの機能と国連安保理の機能を例として取り上げ，論じている。その上で，対ロシア制裁を始め，トランプ政権下での通商法232条とそれに対する各国の措置，EUの反威圧手段規則案，中国の反外国制裁法等の近年の国際的な動きについて論じている。

　第2章では，西脇が，個別事例として，国際秩序の機能の一例である，WTOの上級委員会が，如何に機能しなくなっていったかを論じている。WTOの上級委員会を含む紛争解決機能は，冷戦終結後の安定したグローバリゼーションの時代における，機能する秩序の代表例として取り上げられてきたが，その前提となっていたパワー分布が急速に変化していくことを受けて，その機能を低下させていった。

　第3章では，松本が，2022年2月に始まる，ロシアのウクライナ侵攻以降，急速に実施されていき，実務にも大きな影響を与えている，米国，EU，日本の対ロシア制裁，及びそれに対するロシアの対抗措置について，法律実務家の観点から，日本企業等が気をつけるべきポイントと合わせて，明快な説明を加えている。米国における経済制裁の根拠法の豊富さ，網羅性については目を見張るものがあるといえる。

　第4章では，土屋が，近年の中国による，輸出管理法及び反外国制裁法の立法等を中心とするエコノミック・ステイトクラフトの展開について取り上げている。土屋が詳細に論じているように，中国は近年，「渉外法律闘争」という概念を発展させ，輸出管理法及び反外国制裁法等を整備した。これは，中国等の急速な台頭を受けて，既存の国際秩序の機能が低下していることに対して，米EU等が対抗措置的な動きを強めていること（作用）を受けた，中国としての「反作用」の動きの一環として捉えることができる。

　第5章では，宮岡が，「2050年カーボンニュートラル」といった環境政策と共に，中国等の急速な台頭への対応といった経済安全保障政策の両方を背景として登場したと考えられる，EUによる炭素国境調整メカニズム（CBAM），米国によるインフレ抑制法（IRA）におけるクリーン自動車補助金を取り上げる。両者とも，中国等の急速な台頭により，既存の国際秩序の機能が弱まる中で，政策を実現していく上で増大してきた相互主義的な動きの一環として捉えることもできると考えられる。

　以上のように，本書は，第一線で活躍する気鋭の研究者，実務家が執筆陣に参加し，国際政治で起きている，対抗措置，相互主義の役割の拡大という事象について，それぞれの専門の観点から考察したものである。個々のテーマについての自己の主張を自由に論じ，執筆者の意見の調整等は一切行っていない。大きく変化する近年の国際政治，国際通商，各国の政策について，理解を深めたいと考えている実務家，研究者，学生の方々等の参考になるものと確信している。

　本書は，2022年前半に，政策研究大学院大学政策研究院にて行った，経済制裁に関する意見交換を端緒とするものである。意見交換に参加いただいた，政策研究大学院大学の白石隆名誉教授，拓殖大学国際学部の佐藤丙午教授，東

京大学公共政策大学院の鈴木一人教授，関西学院大学の吉村祥子教授等に，この場を借りて厚く御礼申し上げたい。無論，文責はすべて執筆者たちが負うものである。またこのような政策研究活動に対する政策研究院の渡辺修院長を始めとする政策研究大学院大学の関係者の方々のご理解に厚く御礼申し上げたい。

　最後に，本書の刊行を快諾し，編集の労を執っていただいた文眞堂の前野隆代表取締役，前野弘太常務取締役に，執筆者一同心からお礼を申し上げたい。

2023 年 6 月

編著者

目　　次

はしがき　i

第1章　国際秩序の機能不全と対抗措置……………………………（西脇　修）1

はじめに…………………………………………………………………………… 1

第1節　新たなパワーの台頭と国際秩序 ……………………………………… 2
　　1.　国際通商秩序としての GATT と WTO　2
　　2.　国連と安保理について　7
　　3.　小括　13

第2節　対抗措置の役割の増大 ………………………………………………14
　　1.　対抗措置の位置づけ　14
　　2.　対抗措置としての経済制裁　15
　　3.　通商分野の対抗措置　19
　　4.　対抗措置に関連した新たな動き　20

おわりに…………………………………………………………………………21

第2章　WTO 上級委員会問題について …………………………（西脇　修）27

はじめに……………………………………………………………………………27

第1節　GATT の紛争解決制度 ………………………………………………28

第2節　WTO の紛争解決制度 ………………………………………………29
　　1.　WTO の紛争解決制度の成立　29
　　2.　WTO 紛争解決制度の実績　30
　　3.　米国と上級委員会　32
　　4.　トランプ政権と上級委員会　35
　　5.　多国間暫定上訴仲裁協定（MPIA）　40

第3節　パワー分布の急速な変化と WTO 上級委員会 ……………………41

　　1. 法的及び構造的な要因　42
　　2. パワー分布の急速な変化の影響　44
　　3. 小括　46

　おわりに………………………………………………………………47

第3章　対ロシア経済制裁とロシアの対抗措置………………（松本　泉）55

　はじめに………………………………………………………………55

　第1節　ロシアのウクライナ侵攻と国際法………………………56
　　1. 武力行使の正当性（*jus ad bellum*）　56
　　2. 武力行使の態様（*jus in bello*）　57
　　3. 経済制裁と国際法　58

　第2節　米国による対ロシア制裁…………………………………59
　　1. 米国の経済制裁の基本的枠組み　59
　　2. 今回の対ロシア制裁　61
　　3. 日本企業等が気を付けるべきポイントの例　62

　第3節　EU／英国による対ロシア制裁 …………………………63
　　1. EU の経済制裁の基本的枠組み　63
　　2. 英国の経済制裁の基本的枠組み　64
　　3. EU の今回の対ロシア制裁　65
　　4. 日本企業等が気を付けるべきポイントの例　66

　第4節　日本による対ロシア制裁…………………………………67
　　1. 日本の経済制裁の基本的枠組み　67
　　2. 日本の対ロシア制裁　67
　　3. 日本企業等が気を付けるべきポイントの例　69

　第5節　ロシアによる対抗措置……………………………………70
　　1. ロシアの対抗措置の概要　70
　　2. 日本企業等が気を付けるべきポイントの例　73

　おわりに………………………………………………………………75

第4章　中国のエコノミック・ステイトクラフトと法制度
　　　　—習近平政権による「渉外法律闘争」………………（土屋貴裕）79

　はじめに：問題の所在 ………………………………………………79

第1節　中国のエコノミック・ステイトクラフト ………………………… 80

　　1.　経済的手段を用いた他国への影響力行使　80
　　2.　中国のES とその有効性をめぐる議論　81
　　3.　友好的なES とその深化による敵対的なES の展開　82
　　4.　経済安全保障の確保のためのES　83

第2節　「習近平法治思想」と「渉外法律闘争」 ……………………… 86

　　1.　「習近平経済思想」と「習近平法治思想」に通底するES　86
　　2.　中国における「渉外」法律法規の概念　87
　　3.　ES をめぐる「習近平法治思想」と「渉外法治」　88
　　4.　「渉外法律闘争」とナラティブの変更　89

第3節　経済安全保障（確保）のための国内法整備 ………………… 90

　　1.　経済安全保障確保のための法整備　90
　　2.　安全保障の確保のための法整備　91
　　3.　技術や情報・データの獲得，囲い込み，漏洩防止　92
　　4.　「反外国制裁法」の制定と「渉外法律闘争」　93

おわりに：中国の強制外交が日本に与える含意 ………………………… 95

第5章　環境・気候変動対策と国際通商法
　　　　―「2050 年カーボンニュートラル」と対抗措置・相互主義
　　　　………………………………………………………（宮岡邦生）99

はじめに………………………………………………………………………… 99

第1節　2050 年カーボンニュートラルに向けた世界の動き ……………… 101

　　1.　気候変動対策に関する国際的な枠組み　101
　　2.　各国による2050 年カーボンニュートラルへのコミットの状況　102
　　3.　脱炭素社会を実現するための政策手法　103

第2節　環境・気候変動対策と国際通商法の境界面における最新事象
　　　　（ケース・スタディ） …………………………………………… 105

　　1.　規制レベルの異なる国の間の競争条件の調整
　　　　～EU の炭素国境調整メカニズム（CBAM）　105
　　2.　環境・気候変動対策と経済安全保障～米国のクリーン自動車補助金　115

まとめ（環境・気候変動対策と対抗措置・相互主義） ………………… 123

索引 ………………………………………………………………………………… 127

第1章

国際秩序の機能不全と対抗措置[1]

はじめに

　2022年2月23日に始まったロシアによるウクライナ侵攻は，従来の国際秩序に対する深刻な挑戦であり，同時に国際秩序が機能不全に陥っていることを示すものでもあった。ロシアによるウクライナ侵攻を受けて，国連安全保障理事会（安保理）に，米国等が，「ロシアによるウクライナ侵攻は国連憲章違反であり，最も強い言葉で遺憾の意を表する」とする決議案を提案したが，常任理事国のロシアによる拒否権発動で採択できなかった[2]。安保理の機能不全は，ロシアによるウクライナ侵攻の問題に留まらなかった。2022年5月26日には，対北朝鮮制裁の決議案が初めて否決された[3]。中国とロシアが拒否権を発動した。安保理は北朝鮮が核実験を始めて実施した2006年以降，10回の制裁決議をいずれも全会一致で採択してきたにも関わらずである。安保理は，さらに，同年7月9日の会合で，ロシアの拒否権発動により，内戦下にあるシリアを越境支援する事業の延長を採択できず，2014年の安保理での採択以降，実施してきた事業が失効することとなった[4]。

　以上のように，国際秩序としての国連安保理が，広範な分野で機能不全に陥っていることは明確となってきている。では，これは国連安保理固有の事情だろうか。機能不全という事象については，例えば，国際通商秩序においても同様に起きていると考える。国際通商秩序の中核を担ってきた世界貿易機関（WTO）においては，全加盟国による通商交渉であるドーハ開発アジェンダ（ドーハ・ラウンド）の挫折が2008年末には明確となり，WTOの交渉機能，

合意形成機能は低下する。また，2017 年には，米国にトランプ政権が誕生し，WTO において，紛争解決における最終審である上級委員会の委員の新たな任命に同意することを米国は拒否し始め，WTO の紛争解決機能の一部である上級委員会の機能は停止した。

　安保理における機能不全と WTO における機能不全とは，異なる事象のようにも見えるが，両者には共通点があると考えられる。

　本章では，第 1 節において，両者の共通点，国際秩序に構造的に何が起きているのかを論じ，その上で，第 2 節で国際秩序の機能不全の結果，対抗措置の重要性が増していることを論じ，そして「おわりに」でその政策的インプリケーションについて論じたい。

第1節　新たなパワーの台頭と国際秩序

　本節では，まず第 1 項で，冷戦終結以降，GATT ／ WTO を中心とする国際通商秩序にどういう変化が起きてきたのかについて，主に国際関係論の観点から論じ，第 2 項で，同様に，国連安保理を例に，国際秩序に何が起きてきたのかを論じる。その上で第 3 項で両者における共通点について論じる。

1. 国際通商秩序としての GATT と WTO

(1) GATT と COCOM

　WTO における機能不全について論じる前に，前史として，関税及び貿易に関する一般協定（GATT）について論じておきたい。国際協力に懐疑的な，ウォルツらネオリアリストは，国際通商秩序のような「国際公共財」の供給は，二極なら二極に編成されたそれぞれの圏内で行われると指摘した[5]。同盟関係内に限定された国際公共財の提供であると言える。この観点からは，第 2 次世界大戦後，ブレトンウッズ体制の一環として 1947 年に創設された GATT は，グローバルな国際公共財というよりは，西側諸国という同盟内の国際公共財と位置付けることができる。GATT が西側諸国という自由主義陣営にとっ

ての経済レジームであったという点は，1955 年に実現した日本の GATT 加盟を巡る問題に明確に表れていた。日本の GATT 加盟に英国等は，保護主義の観点等から強く反対したが，米国が強く支持した。米国は日本の GATT 加盟の主たる後援者であったが，米国にとり，日本の GATT 加盟は，日本を西側の経済システムに編入し，東西冷戦の文脈で日本を西側同盟につなぎとめておく，という意味を持っていた。米国は，日本が共産圏，特に中国と経済的に密接になり，ひいては政治的にも結びつくことを非常に危険視していた[6]。

　同時期に，GATT と両輪で存在し，経済安全保障政策として機能したのが，COCOM（対共産圏輸出統制委員会）である。COCOM は直接的にはソ連の核実験成功を契機に，米国，英国，フランスの呼びかけにより，1949 年に創設され，アイスランドを除く北大西洋条約機構（NATO）加盟諸国と日本，オーストラリアが参加した[7]。COCOM においては，兵器類，原子力関連品目，コマーシャル・リストの計 3 分野の規制対象品目リストが合意され，各国の国内制度に反映されることで実施された[8]。第 3 のコマーシャル・リストは，いわゆる汎用品，軍事用・民生用の両用であるデュアル・ユース品を指す[9]。禁輸の対象となっている品目を共産圏諸国に輸出することを加盟国政府が許可しようとするときには，COCOM 加盟国の総意による「特認」が必要とされた[10]。

　以上のように，冷戦期は，まず GATT という西側を中心とした国際公共財，国際通商秩序により，さらに COCOM により，共産圏諸国との間の経済相互依存が進展するリスク自体が管理されていたと言える。

(2) 冷戦終結と WTO の設立

　このように，西側の同盟内の国際通商秩序という側面も有していた GATT が，1989 年の冷戦終結後，ウルグアイ・ラウンドの妥結を経て，WTO へと発展した（1995 年）。WTO では，物の貿易だけではなく，サービスの貿易や，投資，知的財産の貿易的側面等も規律の対象とされた。また，紛争解決制度においては，従来の小委員会（パネル）に加えて，常設の上級委員会が設けられ，2 審制が採用された。その上で，パネル及び上級委員会の判断については，全会一致で反対がなければ採択され，加盟国が服することとなり，紛争解決機能が抜本的に強化された。そして WTO は，このように規律の内容としての機

能が強化されるだけではなく，中国が2001年に加盟する等，旧共産圏諸国（ロシア，ベトナム，カザフスタン等）を含めて，加盟国が増加し，GATTとは異なる，グローバルな国際通商秩序へと発展していった。

　国際通商秩序たるWTOの下で，加盟国は，全加盟国による交渉であるドーハ・ラウンドを2001年に開始し，さらなる自由化等の課題解決に取り組んだ。また，強化された紛争解決機能においても，1998年には米国の通商法301条が，2002年には米国のセーフガード措置等が，各国による提訴により，WTOの紛争解決手続の俎上に上がり，米国が敗訴した結果，それら措置はWTOルールの規律に服することとなった。また，2012年には，中国によるレアアースの輸出制限が，日米欧等の提訴により，WTOの紛争解決手続の俎上に上がり，中国が敗訴した結果，WTOルールに服することになった。WTOというレジームにおける以上のような動きは，リベラリズムが言うところの，経済相互依存により国際レジームが機能し，問題が生じてもレジームが自律的に解決する，という見本と言える。このようなWTOが提供する国際通商秩序の下，グローバル・バリュー・チェーン（GVC）が構築され，経済相互依存，グローバリゼーションがさらに進展した。国際社会は，安定した国際分業，グローバリゼーションの時代をWTO体制下の自由貿易秩序において，しばし享受するのである。

(3) 中国の急速な台頭と国際通商秩序としてのWTO[11]

　しかしながら，このWTOの機能が，最初はルール交渉機能，次に紛争解決機能と低下し，不全に陥っていくのである。何故だろうか。新たなパワーが急速に台頭することにより，国際秩序，国際レジームが機能する前提としていたパワーバランスが急速に変化した影響によるところが大きいと考えられる。より具体的には，2001年のWTO加盟を契機に，中国が急速に経済成長し，台頭したことで，国際通商秩序，国際通商レジームとしてのWTOの機能に大きな影響を与えたと指摘したい。

　WTO加盟後，中国は急速に経済成長し，経済規模，技術優位等で，米国に肉薄していく。2001年には，中国のGDPと米国のGDPが世界GDPに占める割合は，4％と31％だったのが，2021年には18％と24％と急速に接近してい

る[12]。技術優位性についても，例えば，世界全体の国際特許出願数に占める各国別出願数の割合は，2000 年に米国が 40％で，中国は 0.8％だったのが，2019年には，米国が 21.8％で，中国が 22.2％と，中国が逆転した[13]。グレアム・アリソンは，「現代の中国が世界にもたらしているような急速かつ地殻変動的なパワーシフトは歴史上例がない」と指摘している[14]。前例のない，パワー分布の急速な変化が起きていると言える。

　GATT や WTO 等の国際秩序，国際レジームは，一定の交渉を経て，ルールや機能について合意し，成立後は，そのルールが機能していく。WTO でいえば，物品に関する譲許関税率やサービス自由化に関する譲許，補助金協定等のルール，紛争解決制度等の機能である。WTO については，1986 年から1993 年にかけてのウルグアイ・ラウンド交渉でこれらの諸条件，ルール，機能等について合意し，WTO 協定に具現化され，特に中国に関していえば，2001 年に妥結した中国の WTO 加盟交渉で中国の WTO 加盟条件について合意し，中国加盟議定書において具現化されている。

　米国の国際政治学者である，コヘインやナイは，国際関係論におけるリベラリズムの立場から，相互依存と協力により，このような国際秩序，国際レジームは維持，発展すると主張する。コヘインとナイは，1977 年に出版した『パワーと相互依存』のなかで，「レジームは政府が協調的に目的を追求するよう促すのである」とし，「1920 年代および 1930 年代に生じたことを省察すれば，本質的にリベラルなレジームが存在しないと，保護貿易主義が統制の利かないほどに拡大していってしまうのも当然である」と指摘している[15]。コヘインはまた，1984 年に出版した『覇権後の国際政治経済学』において，「国際レジームが確立された後は，協調は覇権的指導国の存在を必ずしも必要としない。覇権後の協調も可能である」と論じた[16]。

　この国際レジームの役割，機能への信頼は，国際通商秩序においては，冷戦終結（1989 年）後，GATT のウルグアイ・ラウンドが妥結し（1993 年），WTO が設立され（1995 年），中国が WTO に加盟することで（2001 年），さらに強くなる。例えば，田中は，国際レジームについて，GATT のウルグアイ・ラウンドの妥結と WTO の発足を取り上げ，「とりわけ，1993 年 12 月という，冷戦終結が明らかになった後で，ウルグアイ・ラウンドが成功裏に終結

したことの意味は大きい。アメリカの覇権が衰退したといわれ，また冷戦も終わりソ連という敵もいなくなった状況においても，基本的に自由化の方向を志向する貿易レジームが継続・発展したからである。経済相互依存の現実は，圧倒的リーダーも圧倒的敵もいなくとも，各国に何らかのレジームの必要性を認識させたのだといえるだろう」と述べている[17]。さらに，大国による国際制度の構築に注目し，コンスティテューショナリズムを主張したアイケンベリーは，「リベラルな国際秩序は世界政治を組織化するロジックとして強靭であることが明らかとなっている」とし，「中国はもうすでに驚くべくほど，この秩序の中に埋め込まれているのだ」と述べた[18]。

　しかしながら，国際通商秩序を含む，国際秩序，国際レジームは所与のものとして当然に機能するのではなく，秩序やレジームが成立した際のパワー分布を前提として，成立し，機能するものである。レジームの機能と前提としていたパワー分布が著しく乖離すると，機能を停止していく。米国の国際政治学者であるクラズナーは，1983年に出版した『国際レジーム』において，リアリストの立場から，レジームが最初に創設される際には，パワー分布とレジームの特徴との間に高いレベルでの一致があると指摘する[19]。その上で「しかし各国間のパワー分布はダイナミックであり，常に変化している」「レジームとパワー分布とは同じ割合で変化しがたい。時を経るにつれて，不一致が生じ，この不一致が著しいものとなると，最大の力を持つ国が，基底にある原則や規範を変更しようと動き，革命的な変化が起きうる」と指摘している[20]。

　クラズナーの議論を踏まえた上で，WTOでの事例に当てはめながら，筆者の考えを述べると，新興国が急速に台頭すると，レジームの機能，ルールの見直し，強化がそれに追いつかず，レジームとパワー分布が，著しく不一致になり，最大の力を持つ国が，「基底にある原則や規範を変更しようと動き，革命的な変化が」起きうる。2001年のWTO加盟以降，中国等新興国が急速に経済成長したにも関わらず，並行して行われていたWTOのドーハ・ラウンドでは中国等新興国がいつまでも当初設定された途上国というカテゴリーにより，より有利な条件で交渉が行われていたことを1つの要因として，米国が事実上ドーハ・ラウンドを見切ったことは，この1つの事例として挙げられる。また，第2章で詳しく論じるが，中国が急速に経済成長し，その国有企業や産業

補助金の世界経済に与える影響が格段に大きくなったにも関わらず，ルール自体の強化がドーハ・ラウンドの停滞等で進まなかったこともあり，上級委員会がその判断において十分な規律を及ぼせなかったことは，米国が上級委員会の機能を事実上止めた一因であると言える。いずれの事例も，パワーの急速な変化（中国の急速な台頭）とレジームの機能（ドーハ・ラウンド，上級委員会）が著しく不一致になり，機能が停止した事例といえる。

　しかしながら著しい不一致の結果として，レジームはただ機能停止し，無秩序になるのではなく，新たな均衡点に向けた，秩序の再構築へと向かうと指摘したい。すなわち，国際秩序やレジームは，成立時に前提としていたパワー分布が，新興国等の急速な台頭を受けて変化し，パワー分布とレジームの機能（ルール等）の不一致が著しくなると，最強国のレジーム機能を止めようとする行動により，機能は不一致に見合う形で，一部停止する一方で，無秩序になるのではなく，新たな均衡点に向けた，秩序の再構築に向かうのである。それはなぜならば，最強国にとっても，新興国にとっても，第三国にとっても，一定の秩序の存在がメリットになるからである。ドーハ・ラウンドが決裂した後に，情報技術協定（ITA）拡大交渉[21] が先進国と途上国を区別しない新たなモダリティで始まり，米中を含めて合意，妥結したことや，上級委員会の機能が停止した中，WTO改革が始まり，上級委員会改革に関する議論が始まったこともこれに当たる。

　GATTやWTO等の自由貿易秩序，レジームについて言えば，GATTやWTOの成立時等のパワー分布を前提として，自由貿易が秩序として自律的に維持発展するが，新たなパワーが急速に台頭すると，ルールの見直し，強化がそれに追いつかず，レジームの機能，ルールとの間に不一致が生じ，自由貿易秩序はその機能を停止し，新たな均衡点に向けた，秩序の再構築が行われるのである。

2.　国連と安保理について

　では，国際秩序については，どう考えるべきだろうか。国際秩序の代表例として，国連と安保理を例に，以下論じる。

(1) 安保理の設立と冷戦

　第2次世界大戦後に，国連のような国際組織を設立することについては，1941年8月に行われた，米英首脳会談の結果としての大西洋憲章の第8項に，「一層広範かつ恒久的な全般的安全保障システム」という表現で初めて現れる[22]。その後，第2次世界大戦により相対的に増大した，米国の強大な力の下で，1943年の米英ソ首脳によるテヘラン会談や，1944年8〜10月の米国ダンバートン・オークスでの米英中ソ4カ国による実務ベースでの協議，1945年の米英ソ首脳によるヤルタ会談での協議を経て，1945年10月に国連が設立された。国連においては，フランクリン・ルーズヴェルト米大統領がテヘラン会談等で示した「4人の警察官構想」を基に，ヤルタ会談での協議を経て，米英仏中ソの5カ国が常任理事国として拒否権を有する安全保障理事会（安保理）が機構として設けられた[23]。1945年2月のヤルタ会談では，米英は，紛争の当事国となった大国は安全保障理事会での評決を棄権すべきと主張したが，ソ連はすべての議題について「大国一致」の原則を貫くよう主張し，その結果，よりソ連の主張に近い，手続き問題以外の議題では大国の拒否権を認める方向で妥協が図られた[24]。その上で，国際連盟が集団安全保障において不完全・不徹底だったという反省に鑑み，武力行使の違法化を明確化した上で（国連憲章2条4項），強制措置を発動すべき事態が発生したかどうかの認定及び，それが肯定されるとき，どのような措置をとるかの判断はすべて安保理によって一元的に決定されることとなった[25]。国際連盟時代の個別的決定から，安保理による集権的決定を実現したと言える[26]。

　以上のように発足した，国連安保理は，ウィンストン・チャーチルによる「鉄のカーテン」演説が1946年3月に行われ，冷戦は始まりつつあったものの，創設後間もない段階では機能していた。例えば，カシミール地方の帰属を巡ってインドとパキスタンが争った第1次印パ戦争（1947〜1948年），イスラエルとアラブ諸国の間で戦われた第1次中東戦争（1948〜1949年）では，安保理決議により，それぞれ非武装の停戦監視団を派遣している[27]。しかしながら，1947年に提唱されたマーシャル・プランの実施方式を巡る，米国，西欧諸国とソ連との対立，1948年2月のチェコスロヴァキアの政変に代表される東欧の「ソ連圏化」，1949年4月の北大西洋条約機構（NATO）の成立等によ

り，米ソ冷戦は激化していく[28]。そうした中，1949 年には，ソ連が原爆開発に成功し，米国の核の独占は崩れ，同年 10 月には中華人民共和国が成立する。米ソ間のパワーバランスは急速に変化していくのである。そして米ソ冷戦を決定づけたのが，北朝鮮が北緯 38 度線を韓国側に越えることで，1950 年 6 月に始まった朝鮮戦争である。1970 年に出版されたフルシチョフの回想録では，1949 年末と 1950 年 3 月に金日成がソ連を訪問し，スターリンから武力統一方針への支持を取り付けていたとある[29]。スターリンは原爆の保有や中国革命の成功で自信を深め，北朝鮮に対する支援を決断した[30]。朝鮮戦争は，米国を始めとする西側陣営と，ソ連を始めとする東側陣営との世界規模での対立，冷戦を決定づける。

　その朝鮮戦争においては，ソ連が国連における中華人民共和国の代表権問題に抗議して，安保理会合の欠席を続けた結果，北朝鮮を侵略者とする安保理決議が採択され，米国を主体と国連軍が編成されたことを経て，以降，安保理は米ソの拒否権の応酬により，機能不全に陥っていく[31]。国連の集団的安全保障における秩序維持機能として，国連憲章にも定められた，安保理による非軍事的強制措置（「制裁」）（国連憲章 41 条）についても，1945 年の国連創設後，冷戦期は，米ソ対立の下，拒否権が発動され，対南ローデシア（1966 年，68 年），対南アフリカ（1977 年）のみが，拒否権の発動なく，成立した[32]。冷戦期は，安保理は機能麻痺状態に陥っており，経済制裁の発動はもとより，効果的な意思決定や決議採択さえ困難が伴った[33]。以上からは，冷戦期においては，国連安保理は機能不全だったと言える。

(2) 冷戦の終結

　その後，ソ連は重化学工業の発展を中心に経済成長し，1953 年には米国から 1 年の遅れで水爆の開発に成功し，1957 年には世界初の人工衛星であるスプートニク 1 号の打ち上げに成功する等，科学技術においても米国を追い上げる。そして冷戦自体も第 2 次台湾海峡危機（1958 年）やキューバ危機（1962 年）等により，エスカレートしていく。

　冷戦はその後，1970 年代に入り，1972 年の米ソ戦略兵器削減協定（SALT-Ⅰ）の締結等によるデタント（緊張緩和）の時代を迎えるが，1979 年のソ連

によるアフガニスタン侵攻を契機に新冷戦へと向かう。1981年にはソ連を「悪の帝国」と呼んだロナルド・レーガンが米国の大統領に就任し，戦略防衛構想（SDI）を始め，大規模な軍拡に乗り出す。

　しかしながら，1985年3月にミハイル・ゴルバチョフがソ連共産党書記長が就任すると，ソ連と米国との間で対話が始まり，1987年末の初の核軍縮として，中距離核戦略（INF）全廃条約が米ソ間で締結される。1989年にはソ連が「東欧革命」を黙認し，ベルリンの壁も撤去され，マルタ島での米ソ首脳会談において，冷戦の終結が宣言された。冷戦は何故終焉したのだろうか。この点，ナイとウェルチは，まず3つの見方を紹介している[34]。ケナンが提唱したところの封じ込めが成功した，米国の軍事力がソ連を抑止し，米国の文化や価値，理念等のソフトパワーがソ連のイデオロギーを溶解させたというのが1つ目の見方である。2つ目は，ポール・ケネディが主張した帝国の過剰拡張論との見方であり，ソ連は経済力の4分の1以上を外交・防衛につぎ込み，過剰拡張していたが故に弱体化，敗北した，というものである。3つ目は，1980年代の米国の軍拡がこれについて行けなくなったソ連において降伏に追い込んだとの見方である。その上で，ナイとウェルチは，1989年という冷戦終結のタイミングについては，ソ連のミハイル・ゴルバチョフ大統領の存在に負うところが大きいとし，リベラルな理念というソフトパワーとリアリストが強調する帝国の過剰拡張論，さらにはより深層的な原因として，共産主義イデオロギーの衰退とソ連経済の失敗を冷戦終結の理由として挙げている[35]。

　中でも，ソ連経済の失敗とそのことによるパワーの相対的な低下，過剰拡張が，ソ連の行き詰まり，政策転換において与えた影響は大きかったと考えられる。ソ連経済は，ブレジネフの保守的な時代になり急速に鈍化した。ブレジネフの共産党第一書記就任（1964年）以降，1966～1970年のソ連の経済成長率は公式数字で7.4％であったのが，1971～1975年は6.3％，1976～1980年は4.2％，1981～1985年は3.5％と鈍化していく[36]。実際には，ゴルバチョフ就任前の1981～1982年には，成長率はゼロになったと指摘されている[37]。結果として，1980年代初頭よりソ連経済の不調は深刻なのが顕著になり，消費財が不足し，店に長い行列ができる姿は日常となり，また技術面でも西側に立ち後れ，当時，米国には3,000万台あったコンピューターは，ソ連には5万台しか

なかった[38]。

　この背景としては，ブレジネフ政権下において，チェコスロヴァキアでの改革（プラハの春）等の経験により，改革により民衆が統御できなくなるとの認識を持ち，改革自体を警戒するようになり，経済改革も行われなくなったことが指摘されている[39]。また，ソ連が工業化と軍事大国化を比較的短期間で実現することができた理由の1つとして，ソ連が石炭，石油，天然ガス等といった埋蔵資源に恵まれた国であったことが指摘されるが，豊富な資源の存在は，資源とエネルギーの節約やコスト削減の意識を弱め，技術革新を遅らせることにもつながったことも指摘されている[40]。石油や天然ガスの輸出などによって外貨を獲得することができ，性能の良い機械，部品等を大量に輸入することができた点もソ連の経済にとって短期的には意味があったが，長期的には産業競争力に資さなかった[41]。特に1970年代の石油危機に際して，西側諸国の産業はエネルギーと資源を節約するために技術革新を強いられ，そのことが技術力全般を高め，生産の効率化につながったが，産油国のソ連ではこうした動きは鈍く，技術力の差が一気に拡大することとなった[42]。

　他方で，ソ連はアフガニスタンへの軍事介入等により膨大な軍事費を計上し続ける。ソ連の軍事支出は，公表されている国家予算の16％ではなく，40％を占め，軍産複合体の生産高は国民総生産の6％ではなく，20％を占めたと指摘されている[43]。

　ソ連経済は，相対的に成長しなくなり，技術力も伸長しなくなったことで，パワーバランスは，米国を中心とする西側諸国にとって有利になっていく。そうした中，冷戦構造の下で，米国との軍備競争，アフガニスタン等への軍事介入やコメコン等の同盟国に対する実質的な援助は継続するが，次第にそれらの政策を維持できなくなっていく。その結果，1985年3月にソ連共産党書記長に就任し，指導者となったゴルバチョフの下，ペレストロイカ，新思考外交等が始められ，冷戦終結へと向かっていく。

(3) 安保理の機能回復

　冷戦が1989年に終結した結果，国連安保理の集団安全保障の機能は回復していく。1990年のイラクのよるクウェート侵攻は，冷戦後最初の危機であっ

たが，ソ連と中国が拒否権を使わなかったため，安保理は速やかに対イラクでの全面的経済制裁の発動を決定した[44]。国連安保理は，その後も，対ユーゴスラビア（1992年），対リビア（1992年），対北朝鮮（2006年，2009年等），対イラン（2016年）等，多数の非軍事的強制措置に全会一致で合意している。この秩序の安定は，冷戦終結後に成立した，国際通商秩序の安定と対をなしている。

　この安定は冷戦の終結，米国の軍事的優位性といった安全保障面に依拠すると考えられる一方で，前述の国際通商秩序の安定という経済面での理由も大きいと考えられる。冷戦終結後，ロシアにしても，そして中国にしても，経済の発展が国家としての目標となる中，グローバル経済への統合，すなわち国際通商秩序への参加が重要となっていた。そのため国際通商秩序の安定を望むと共に，国際秩序全体の安定と協調を望み，必要にしていたと指摘できる。その結果として，国際秩序における1つの中心的レジームである，国連安保理において，米国を始めとする各国と協調してきたと言える。

（4）新たなパワーの台頭と安保理

　以上のような国際秩序の安定期を経た上で，2022年2月に始まったロシアによるウクライナ侵攻後の国連安保理での対ロシア非難決議（2022年2月），対北朝鮮（2022年6月）はいずれもロシア，中国等が賛成せず，否決される。秩序は改めて機能不全に陥っていくのである。冷戦後の国連安保理が機能する前提であったパワー分布，すなわち冷戦終結後のグローバリゼーションの前提となっていたパワー分布（先進国の優位性）と国際協調が，中国等新興国の急速な台頭等により変化してきたからであると指摘できる。世界の名目GDPに占める新興・途上国のシェアは2000年代半ば以降上昇傾向にあり，2017年には40％を超えた[45]。中国等新興国が急速に経済成長し，台頭した結果，新興国にとっての貿易，投資等の経済関係を深める相手国の選択肢が増え，先進国との協調の必要性が低下していったといえる。そのことは，対ロシア制裁をめぐっても事象として起きている。例えば，日米欧が対ロシアで経済制裁の対象とした石油やガスなどロシア産化石燃料の輸出については，2022年2〜3月と7〜8月とを比べると，EU向けは35％，日本向けは72％，米国向けは93％そ

れぞれ減った一方で，インド向けは570％，中国向けは17％，トルコ向けは21％増えている。結果としてロシアの化石燃料の1日当たり輸出額は，18％減に留まった[46]。経済成長した新興国が，制裁のいわゆる「抜け道」になっていることが表れている。新興国にとって先進国との協調の必要性が低下したからと指摘できる。

3. 小括

　第2次世界大戦中に，相対的に増大した米国の強大な力の下での主要国間の国際協調を前提に，1945年10月に国連が設立されて，安保理と拒否権付きの常任理事国制度が設けられた。国連創設後しばらくは，国連安保理における米ソ間の協調は行われる。しかしながら，1949年にはソ連による原爆の開発が成功し，ソ連が核保有国となり，また，中国での国共内戦もソ連が支援してきた中国共産党の勝利となり，中華人民共和国が成立する。この結果，パワーバランスは急速に変化し，国連と安保理を誕生させた，米国の強大な力の下での主要国間の国際協調という前提は崩れていく。1950年6月に北朝鮮の侵攻により始まった朝鮮戦争は，このようなパワーバランスの急速な変化と国際秩序の変化を1つの背景に始まると共に，それ自体，国際秩序の変化を加速させ，冷戦を決定づける。そして国際秩序としての国連安保理は機能しなくなる。

　その後，ソ連は重化学工業の発展を中心に経済成長し，水爆の開発の成功やスプートニク打ち上げ成功等，科学技術においても米国を追い上げ，そして冷戦自体も第2次台湾海峡危機（1958年）やキューバ危機（1962年）等により，エスカレートしていく。その後，時を経て，エネルギー危機やサービス，知識化に起因する世界経済の構造変化とそれについて行けないソ連経済の停滞，他方でアフガニスタン侵攻に象徴される継続する軍事負担により，ソ連のパワーが相対的に低下し，やがて西側の勝利により，冷戦が終結する。その結果としてソ連を継承したロシア，中国が，GATTを継承したWTOに加盟する等，グローバル経済に統合されていき，国際秩序は安定していく。

　グローバル経済に統合された結果，今度は中国という新たなパワーが台頭する。変化はまず経済面に表れる。国際通商秩序たるWTOは，新たに台頭した

パワーである中国を十分に規律していくことができず，その結果，機能停止していく。また，冷戦終結により再び機能を始めた国際秩序としての国連安保理も，拒否権を伴う常任理事国という制度はそのままである一方で，協調の前提となっていた先進国の優位性が新興国の台頭により崩れていくことで，再び機能不全に陥っていくのである。

第2節　対抗措置の役割の増大

　前節でみたように，新たなパワーの急速な台頭を受けて，国際秩序，レジームの機能不全が進み，国連憲章第41条に基づく経済制裁やWTOの上級委員会の判断のような，国際レジームの下での秩序維持のための措置（国際秩序上の制裁措置）は機能しなくなる中，そうではない各国が有志国と共にまたは単独で行う「対抗措置」の役割が必然的に増大していく。

　本節では，第1項で，対抗措置に関し国際法上の位置づけについて，まず概観する。第2項で，対抗措置としての経済制裁の米欧日における根拠法制等について，対ロシア制裁を例に，また，第3項で，通商分野における対抗措置について，それぞれ概観する。その上で，第4項において，対抗措置に関連した新たな国際的な動きについて，概観し，論じたい。

1.　対抗措置の位置づけ

　「対抗措置」とは，国際法上，相手国の側に先行する違法行為がある場合に，これを止めさせるために，被害国が，自らも相手国に対する何らかの義務違反の行為をもって対処することと定義されうる[47]。対抗措置はかつては復仇と呼ばれていた。武力行使を含んだ概念である。国連憲章2条4項が武力行使を禁止したので，現代国際法においては武力復仇は許されなくなった。1978年の米仏航空業務協定事件において仲裁廷は，米国がエールフランスの路線の運行を停止することは「対抗措置」として正当化されるかを検討し，これを肯定した[48]。仲裁廷が用いた対抗措置という用語は武力を伴わない復仇を指し，この

用語はその後，国家責任条文に取り入れられ，復仇に代わって一般的に用いられるようになった[49]。

　対抗措置が正当化されるには，① 相手国に先行違法行為があること，② その違法行為の中止ないし賠償の請求を提起すること，③ 自国のとる措置が相手国の違法行為により被った損害と均衡を保つことが必要である[50]。国連憲章上の強制措置（国連憲章 41 条。国連決議が必要。）や，報復（相手国の措置の違法性を問わない）と区別される。

　対抗措置については，国連に設置された国際法委員会（ILC）にて作業した，国家責任条文において，22 条で規定され，第 3 部第 2 章（49 条，51 条，52 条等）で要件について規定されている。国家責任条文は条約化されておらず形式的には法的拘束力はないが，多くの規定は，判例（ICJ・ガブチコボ・ナジュマロシュ計画事件，米仏航空業務協定事件等）により，既に慣習国際法になっているといえる[51]。

　被害国以外の第三国が，対抗措置をとることについては，国家責任条文では，対抗措置を規律する第 2 章において，第三国が違反国に対してとる「合法的な措置を妨げるものではない」と定め，問題解決を将来の発展に委ねた保留条項であるとされている[52]。第三国が復仇を行う例はかつては少なかったが，1970 年代以降，甚だしい人権侵害，違法な武力行使，自決権の否定などを行った国に対して第三国が輸入禁止等の措置をとる国家実行が集積してきた[53]。ポーランドの人権侵害に対する西側諸国の航空業務協定運用停止（1981 年），アルゼンチンのフォークランド諸島侵略に対する西側諸国の輸入禁止（1982 年）等である。このような国家実行の集積から，第三国が対抗措置をとることを許容する規範は，少なくとも形成途上にはあるとされている[54]。

2.　対抗措置としての経済制裁

　今回の対ロシア制裁についても，各国はいわゆる国連安保理決議としての経済制裁ではなく，ロシアによる武力侵攻という国連憲章 2 条 4 項違反に対して，自国の根拠法を基に，前述の第三国による対抗措置として実施していると解することができる。集積されている国家実行の 1 つであるといえる。国連安

保理決議がない中，各国は自国の何を根拠法に対抗措置としての経済制裁を実施しているのであろうか。

(1) 米国

　米国は，元来，自身の判断で対抗措置としての経済制裁を科すことができる根拠法を多数有している[55]。まず，米国への異常な脅威が外部からあった際に大統領が国家緊急事態を宣言し，国際通商を規制する権限を持つ，米国の経済制裁，特に金融制裁の基本となる，国家緊急経済権限法（IEEPA）が挙げられる[56]。次に，安全保障・外交・不拡散の理由で米国に不利になる物品の輸出禁止，第三国からの再輸出禁止を規律する輸出管理改革法（ECRA）が挙げられる[57]。前者は主に金融制裁，後者は物品の貿易，輸出管理の一般法である。米国はこのような経済制裁のための一般法に加えて，イラン・リビア制裁法のような国を特定した制裁法，ロシアの人権侵害者への制裁法として成立し，他国の人権侵害者にも適用できるマグニツキー法のような保護すべき分野を特定した制裁法等を有している。その上で，個別の経済制裁の実施については，金融制裁であれば，IEEPA等の根拠法に基づき個別の大統領令が発せられ，財務省外国資産管理室（OFAC）が，特別指定（SDN）リストに制裁対象者（含む組織）を掲載することで，米国の企業等は掲載者とのドル取引等を禁止され，また，掲載者の米国内資産も凍結されうることになる[58]。さらに掲載者と取引する外国企業・金融機関も制裁対象となりうる（二次制裁）[59]。金融制裁については同様にOFACが，外国金融機関を対象にCAPTA Listに掲載することで，掲載された外国金融機関と取引をすることを米国企業・団体・人に禁止することも可能である[60]。また，輸出管理については，ECRAを根拠法に，輸出管理規則（EAR）により対象品目を定め，米国の安全保障・外交政策上の利益に反する者等をエンティティリストに掲載することで，EAR対象品目の輸出及び第三国からの再輸出が禁止される。また拡大直接製品規制により，米国製品・技術・ソフトを使用して非米国で製造された製品を特定の第三国やユーザーに輸出することを原則不許可とすることも可能である。米国法の域外適用に当たり，第三国からの再輸出も禁止できるのが米国の法制の1つの特徴であるといえる。

　今般の対ロシア制裁においても，米国は，上記の枠組みに基づき，ロシアの金融機関等の SDN リスト掲載等に取引等の禁止や資産凍結，ロシア向けの輸出の要許可品目を大幅に拡大，ロシア企業等の Entity List 掲載追加や直接製品規制の追加・拡大，IEEPA を根拠にした大統領令 14066 号等により，ロシアからの原油，天然ガス，石炭等の輸入を禁止や，ロシアへの投資の禁止等を行っている[61]。

(2) EU

　EU においては，EU 基本条約 29 条（the Treaty on European Union）及び EU 機能条約 215 条（the Treaty on the Functioning of the European Union）により，EU 理事会（Council of the European Union）が，EU 域外の第三国の政府，国家以外の法人または個人に対する一定の措置（制裁）を導入することが許容されている[62]。当該制裁は，EU 共通の国際安全保障政策を実行する手段として，国連安保理決議の要請に加え，EU 独自の裁量に基づき，EU 理事会が，EU 外務・安全保障政策上級代表の提案を受けて導入され，その場合，EU 加盟国には，効果的な罰則を設け，当該制裁に違反した場合の執行を実施する義務が生じる[63]。

　この枠組みの下で EU では，2022 年 2 月 25 日付けで，欧州理事会において，理事会規則及び理事会決定を新たに採択し，ロシアに対する経済制裁措置を採ることを決定する。具体的には，特定個人及び団体に対する資産凍結及び渡航制限，ロシア国有企業の EU の証券取引所での上場禁止，ロシアの主要 3 銀行の資産凍結及び金融取引禁止等の金融制裁，ロシアの製油所や航空会社への部品，機器の販売禁止による特定セクターへの制限，ビザの制限等を実施する[64]。

(3) 日本

　日本においては，外国為替及び外国貿易法（外為法）は，対外取引が自由に行われることを基本としているが，「国際約束を誠実に履行するため必要があると認めるとき」，「国際平和のための国際的な努力に我が国として寄与するため特に必要があると認めるとき」または「我が国の平和及び安全の維持のため

特に必要があるとして対応措置を講ずべき旨の閣議決定が行われたとき」，主務大臣（財務大臣及び経済産業大臣）は，所要の経済制裁措置を発動することができる[65]。外為法上は，輸出入規制，送金規制，役務提供規制，資本取引規制等を通じた経済制裁が可能である[66]。

　以前は，外為法の解釈として，国連安保理決議や有志国連合の協調による国際的な要請がなければ経済制裁措置を講じることができないとされ，実際，イラクがクウェートに侵攻した1990年8月2日の時点では，法的な根拠を欠き，我が国の単独の決定で資産凍結が行えず，当時の大蔵省は全国銀行協会に対する行政指導で対応した[67]。当時の法制は，日本としての対応を，国際社会の判断に委ねていたと言える。その後，北朝鮮による日本人拉致等の諸情勢を踏まえ，我が国単独でも経済制裁措置を講じることを可能にすべく，外為法10条1項の追加，及びこれに基づく関係条項の改正がなされ，2004年2月に施行された。

　しかしながら，例えば，現在実施中の外為法に基づく資産凍結等の措置（令和4年10月7日現在）26件[68]についてみると，最も古い，2001年2月からのミロシェビッチ前ユーゴスラビア大統領及び関係者に対する経済制裁から，直近の対ロシア制裁に至るまで，国連安保理決議の存在か，国際平和のための国際的努力への寄与を根拠としている。今般の対ロシア制裁についても，外務省，財務省及び経済産業省が，2022年2月26日付で公表した外為法上の経済措置に関する公表文には，「国際平和のための国際的な努力に我が国として寄与するため，今般，主要国が講ずることとした措置の内容等を踏まえ」との文言が含まれており，現に日本が欧米と足並みをそろえた内容の経済措置が講じられていることから，有志国連合の協調による国際的な要請が存在することを経済制裁の実施根拠としていると考えられる。

　このように，日本のこれまでの経済制裁は，国連安保理決議が根拠となっているものが最も多く，次に米欧との協調した経済制裁が多い。今後，国連安保理の機能不全による国連安保理決議の不存在等，国際秩序が機能しなくなっていく中，日本として経済制裁を行うか否かの主体的な判断が求められる局面が増加することも考えられる。

3. 通商分野の対抗措置

　米国は，トランプ政権下の 2017 年 4 月，1962 年通商拡大法 232 条（以下，「通商法 232 条」とする）に基づき，鉄鋼の輸入について，調査を開始した[69]。調査の結果，鉄鋼輸入が米国鉄鋼産業を弱体化させ，米国の安全保障を脅かすとして，2018 年 3 月に，各国からの鉄鋼の輸入に対して，25％の追加関税の賦課を開始した。

　これに対して，EU，中国等の多くの国は，米国による制裁関税措置はWTO 違反であるとして，WTO の紛争解決手続に基づき，米国に対して協議要請を行った。その結果，2018 年 11 月には，WTO の紛争解決手続下でのパネルが設置された。違法措置に対する合法措置（秩序内機能の活用）での対抗とみることができる。

　EU，中国等は，このような WTO の紛争解決手続の利用と共に，米国の措置は実質的にはセーフガード措置に該当するとし，これに対する WTO のセーフガード協定第 8 条に基づく，リバランス措置であると主張して，米国からの輸入品の一部に対して関税措置を発動した。EU 等によるリバランス措置が，WTO のセーフガード協定第 8 条に基づく措置であると解すれば，この措置も，いわゆる対抗措置ではなく，秩序・レジームの範囲内での対応といえる。他方で，米国の関税措置は米国が主張するように安全保障例外であり，そもそもセーフガード措置ではなく，EU 等の措置がセーフガード協定上のリバランス措置であるという主張についても，セーフガード協定第 8 条の要件を満たしていないと解すると[70]，（米国の関税措置について安全保障例外で正当化されないと仮に考えれば）違法措置に対する違法措置であるとして，対抗措置としてみることも可能である。米国は，通商法 232 条による措置自体を，WTO 協定上の安全保障例外（GATT21 条）であるとして，合法であると主張し，EU，中国等による措置こそ WTO 違反であると主張し，リバランス発動国に対して WTO 協議要請を行い，2018 年 11 月にパネルが設置された。

　通商法 232 条に対しては，日本は，WTO 提訴やリバランス措置等をとらず，日本企業による，米国商務省に対する製品別除外申請を側面から支援した。仮に，日本が，EU 等と同様に，米国の関税措置をセーフガード措置と解し，

セーフガード協定上のリバランス措置を発動する場合には，国内法的には，関税定率法9条4項が根拠となる。しかしながら，仮に米国の当該関税措置がセーフガード措置ではなく，したがって，リバランス措置というセーフガード協定第8条に基づく措置が使えない場合はどうだろうか。その場合，日本では，関税定率法第6条は，報復関税については，WTOの関係機関，すなわち紛争解決機関等の承認があったときのみ可能と規定しており，国際秩序が機能していることを前提とした規定となっている。このことは，今後，国際秩序が機能しない場合に，日本としてどう自国の利益を守っていくかが課題となることを示唆していると指摘できる。

4.　対抗措置に関連した新たな動き

　これまでみてきたように国際秩序が機能しないことを受けて，各国ではさまざまな新たな動きも起きている。欧州委員会は，2021年12月8日に，域外国によるEU及び加盟国に対する「経済的威圧（economic coercion）」への対抗措置を実施可能とする，反威圧手段規則案を公表した[71]。中国がEU加盟国であるリトアニアからの製品の通関等を拒否したこと等を背景にしていると指摘されている[72]。公表された規則案では，第2条で，経済的威圧行為を定義し，第7条及び付属書Ⅰ等で関税引き上げ等の措置を例示している。均衡性や，相手国との協議等手続き規定への言及もあり，国際法上の「対抗措置」該当性を意識していると考えられる。EUは，このような規則案を準備すると共に，2022年1月27日付けで，リトアニア製品の通関拒否等は，リトアニアへの差別的措置であるとして，中国をWTO提訴している[73]。EUは，対抗措置をとれる準備をしつつ，従来の国際秩序であるWTOの紛争解決手続の活用も図っていると言える。

　また，中国においては，反外国制裁法が，2021年6月10日に，全国人民代表大会（全人代）で成立している[74]。同法では，第3条で，「外国国家が国際法と国際関係の基本原則に違反し，各種の口実やその本国の法律に依拠して中国に対して抑制，抑圧を行い，中国の公民，組織に対して差別的規制措置を講じ，中国の内政に干渉した場合，中国は相応の報復措置を採る権利を有する」

とした上で, 第4条で, 報復措置の対象となる主体について,「第3条に規定する差別的制限措置の制定, 決定または実施に直接または間接に関与している個人および組織」とし, 第6条で, 具体的な対抗措置の内容として, 上記の対象主体に対して「ビザの発給拒否, 入国拒否, ビザの取り消しもしくは, 国外追放」や「中国内の動産, 不動産およびその他各種の財産の差し押さえ, 押収, 凍結」などの措置を規定している[75]。同年7月23日には, 同法を適用する初めてのケースとして, 米国のウィルバー・ロス前商務長官らに制裁を科すと発表した[76]。中谷が指摘しているとおり, 米国等による経済制裁措置が, 重大な国際法違反に直接責任を有する個人や企業・団体に対する制裁であれば, 国際法違反に対する対抗措置として正当化される（違法性が阻却される）と解することには十分な合理性がある[77]。米国等の経済制裁がそのように国際法上合法である限り, これに対する中国の措置は, 正当化されず, したがって対抗措置には当たらず, 国際法上違法となる[78]。

おわりに

　本章で取り上げてきたように, WTO等の国際通商秩序や国連安保理等の国際秩序については, 近年の中国等の新たなパワーの急速な台頭に伴い, 国際秩序, レジームが機能する前提となっていたパワー分布が急速に変化し, 秩序が機能不全を起こした結果, 国際秩序に位置づけられた, 国際秩序上の制裁措置等が機能しなくなっている。そのことにより, 対抗措置の果たす役割が大きくなっているといえる。秩序が機能不全を起こし, 制裁措置が機能しなくなること自体は, 国連安保理に見られるように, かつて冷戦期にもあったが, 冷戦期は, GATTが事実上, 西側にとっての国際通商秩序であったことと共に, コ コムが存在したことにより, 西側陣営と東側陣営の経済相互依存が進んでおらず, 対抗措置が大きな意義を必ずしも持たなかった。

　冷戦終結後の中国, ロシアのWTO加盟に象徴される, グローバル経済の統合により, 各国間の経済的な相互依存が進展していく。そのように経済的な相互依存が進展した後に, パワーバランスの急速な変化を受けて国際秩序が機能

しなくなった結果，国際政治上，対抗措置の持つ意義が増大したといえる。各国が自国の根拠法に基づく対抗措置を発動し，また，対抗措置に関する自国の根拠法を整備するケースが増えてきているのが現状である。

　日本としては，パワーの急速な変化を踏まえたルールの強化を通じて，国際秩序，レジームの機能回復，強化に取り組むことが必要である。また，そのことと共に，国際秩序，レジームが機能しない中，経済制裁を始めとする対抗措置を主体的に判断する必要性が増大していくことに対応していく必要がある。政策としての対抗措置についての議論を深めていくべきである。

[注]
1　本章の執筆に当たっては，関西学院大学の吉村祥子教授，京都先端科学大学の土屋貴裕准教授，ベーカー＆マッケンジー法律事務所の松本泉弁護士，森・濱田松本法律事務所の宮岡邦生弁護士らとのこれまでの意見交換に触発されたところが大きい。改めて御礼申し上げたい。他方で，文責は当然ながら筆者一人がすべて負うものである。本稿の内容は筆者個人の見解であり，筆者が所属する組織とは関係がない。
2　『日本経済新聞』，2022年2月26日電子版。
3　『日本経済新聞』，2022年5月27日電子版。
4　『日本経済新聞』，2022年7月9日電子版。
5　山本吉宣『国際レジームとガバナンス』有斐閣，2008年，10頁。
6　赤根谷達雄『日本のガット加入問題　《レジーム理論》の分析視角による事例研究』東京大学出版会，1992年，5頁。
7　長谷川直之『ココム・WMD・そして中国　アメリカ輸出規制戦略とその現実』現代書館，2008年，18-24頁。
8　同上。
9　同上。
10　同上。
11　第1節第1項（3）における，パワーの急速な台頭と国際秩序の再編に関する部分については，西脇修『米中対立下における国際通商秩序』文眞堂，2022年，185-205頁を基に再構成した。より詳細については同書を参照のこと。
12　内閣府経済社会総合研究所「2021年度（令和3年度）国民経済計算年次推計記者公表資料（フロー編）」2022年12月23日，16頁。
13　『日本経済新聞』，2020年4月7日電子版。
14　グレアム・アリソン『米中戦争前夜』藤原朝子訳，ダイヤモンド社，2016年，8頁。
15　ロバート・O・コヘイン，ジョセフ・S・ナイ『パワーと相互依存』瀧田賢治監訳／訳，ミネルヴァ書房，2012年，441-442頁。
16　コヘイン・前掲，35頁。
17　田中明彦『新しい中世』講談社学術文庫（オリジナルは日本経済新聞社），1996年，179-180頁。
18　G・ジョン・アイケンベリー『リベラルな秩序か帝国か　アメリカと世界政治の行方』細谷雄一監訳，勁草書房，2012年，上巻　序文。
19　Stephen D. Krasner, "Regimes and the limits of realism", *International Regimes*, edited by

Stephen D. Krasner, Ithaca, Cornell University Press, 1983, p.357

20　Ibid.

21　情報技術協定（ITA）とは，1996 年に日本，米国，EU 等の WTO 有志国が合意した IT 製品の関税撤廃に関する協定。対象品目を拡大する交渉が，2012 年から始まり，2015 年に妥結した。

22　加藤俊作『国際連合成立史』有信堂，2000 年，3-4 頁。

23　加藤・前掲，31-74 頁。

24　油井大三郎・古田元夫『世界の歴史 28　第 2 次世界大戦から米ソ対立へ』中央公論新社，1998 年。

25　杉原高嶺『基本国際法　第 3 版』有斐閣，2011 年，319-320 頁。

26　同上。

27　小林義久『国連安保理とウクライナ侵攻』ちくま新書，2022 年，102-103 頁。

28　油井・古田・前掲，241-252 頁。

29　油井・古田・前掲，318-319 頁。

30　同上。

31　小林・前掲。

32　吉村祥子「経済制裁と正統性・実効性」竹内俊隆・神余隆博『国連安保理改革を考える』東信堂，2021 年，164 頁。

33　同上。

34　ジョセフ・S・ナイ・ジュニア，デイヴィッド・A・ウェルチ著，田中明彦，村田晃嗣訳『国際紛争　理論と歴史　原著第 10 版』有斐閣，2018 年，209-215 頁。

35　同上。

36　下斗米伸夫『ソビエト連邦史』講談社学術文庫，2017 年，231-232 頁。

37　松戸清裕『ソ連史』ちくま新書，2011 年，211 頁。

38　山本健『ヨーロッパ冷戦史』ちくま新書，2021 年，384-385 頁。

39　松戸・前掲，162-163 頁。

40　松戸・前掲，170 頁。

41　同上。

42　同上。

43　同上。

44　吉村・前掲，165 頁。

45　経済産業省『通商白書』2018 年版，166 頁。

46　『日本経済新聞』，2022 年 10 月 9 日電子版。

47　杉原高嶺『基本国際法』第 3 版，有斐閣，2021 年，277 頁。

48　岩澤雄司『国際法』東京大学出版会，2020 年，602 頁。

49　同上。

50　同上。

51　岩澤・前掲，24-25 頁。

52　岩澤・前掲，606 頁。

53　同上。

54　同上。

55　杉田弘毅『アメリカの制裁外交』岩波新書，2020 年，48-49 頁。

56　同上。

57　同上。

58　CISTEC 事務局「米国・EU の対ロシア制裁概要と関連諸動向について（改訂 6 版）」，2022 年 8

月9日，5頁。

59　同上。

60　同上。

61　同上。

62　西村あさひ法律事務所「ウクライナ情勢を受けた欧米日の対ロシア制裁の直近動向」，2022年2月28日。

63　同上。

64　CISTEC・前掲，長島・大野・常松法律事務所・前掲等を参照。

65　「経済制裁措置及び許可手続きの概要」財務省ホームページ，https://www.mof.go.jp/policy/international_policy/gaitame_kawase/gaitame/economic_sanctions/gaiyou.html。

66　外為法16条1項，21条1項，23条4項，24条1項，25条6項，48条3項，52条。

67　中谷和弘「経済制裁の国際法構造」『経済・安全保障リンケージ研究会　中間報告』，日本国際問題研究所，2022年3月，48頁。

68　「経済制裁措置及び対象者リスト」財務省ホームページ。https://www.mof.go.jp/policy/international_policy/gaitame_kawase/gaitame/economic_sanctions/list.html

69　アルミの輸入についても調査を行っている。

70　川瀬剛志「米国1962年通商拡大法232条発動に対するリバランス措置の正当性：WTO協定による一方的主義禁止の射程」『上智法學論集』第62巻第3・4号，2019年。

71　ジェトロ『ビジネス短信』，2021年12月10日。

72　『日本経済新聞』，2022年6月8日電子版。

73　『日本経済新聞』，2022年1月27日電子版。

74　『日本経済新聞』，2021年6月10日電子版。

75　ジェトロ『ビジネス短信』，2021年6月14日。

76　『日本経済新聞』，2021年7月24日電子版。

77　中谷・前掲，46頁。

78　同上。

[主要参考文献]
【日本語文献】
アイケンベリー，G・ジョン『アフター・ヴィクトリー　戦後構築の論理と行動』NTT出版，2004年
アイケンベリー，G・ジョン『リベラルな秩序か帝国か　アメリカと世界政治の行方』細谷雄一監訳，勁草書房，2012年
赤根谷達雄『日本のガット加入問題　《レジーム理論》の分析視角による事例研究』東京大学出版会，1992年
アリソン，グレアム『米中戦争前夜』藤原朝子訳，ダイヤモンド社，2016年
岩澤雄司『国際法』東京大学出版会，2020年
ウォルツ，ケネス『国際政治の理論』河野勝・岡垣知子訳，勁草書房，2010年
加藤俊作『国際連合成立史』有信堂，2000年
川瀬剛志「米国1962年通商拡大法232条発動に対するリバランス措置の正当性：WTO協定による一方的主義禁止の射程」『上智法学論集』第62巻第3.4号，2019年
経済産業省『通商白書』2018年版
経済産業省通商政策局編『不公正貿易報告書』2001年版
―――――『不公正貿易報告書』2018年版
―――――『不公正貿易報告書』2019年版

───『不公正貿易報告書』2020 年版

小林義久『国連安保理とウクライナ侵攻』ちくま新書，2022 年

コヘイン，ロバート・O・『覇権後の国際政治経済学』石黒馨・小林誠訳，晃洋書房，1998 年

コヘイン，ロバート・O・，ナイ，ジョセフ・S・『パワーと相互依存』瀧田賢治監訳／訳，ミネルヴァ書房，2012 年

下斗米伸夫『ソビエト連邦史』講談社学術文庫，2017 年

杉田弘毅『アメリカの制裁外交』岩波新書，2020 年

杉原高嶺『基本国際法』第 3 版，有斐閣，2018 年

鈴木基史『国際関係』社会科学の理論とモデル 2，東京大学出版会，2000 年

ソリス，ミレヤ「追随からの脱却：自由貿易秩序の先導者」船橋洋一・G・ジョン・アイケンベリー編著『自由主義の危機　国際秩序と日本』東洋経済新報社，2020 年。

田中明彦『新しい中世』講談社学術文庫，1996 年

中国 WTO 加盟に関する日本交渉チーム『中国の WTO 加盟　交渉経緯と加盟文書の解説』蒼蒼社，2002 年

ナイ・ジュニア，ジョセフ・S・，ウェルチ，デイヴィッド・A・著，田中明彦，村田晃嗣訳『国際紛争　理論と歴史　原著第 10 版』有斐閣，2018 年

内閣府『世界経済の潮流　2018 年 II』2018 年　https://www5.cao.go.jp/j-j/sekai_chouryuu/sa18-02/pdf/s2-18-1-1.pdf

中川淳司『WTO　貿易自由化を超えて』岩波新書，2013 年

中谷和弘「経済制裁の国際法構造」『経済・安全保障リンケージ研究会　中間報告』，日本国際問題研究所，2022 年 3 月

長谷川直之『ココム・WMD・そして中国　アメリカ輸出規制戦略とその現実』現代書館，2008 年

船橋洋一，G・ジョン・アイケンベリー編著『自由主義の危機　国際秩序と日本』東洋経済新報社，2020 年

松戸清裕『ソ連史』ちくま新書，2011 年

モーゲンソー，ハンス・J・『国際政治』原彬久監訳，岩波文庫上巻，2013 年

山田高敬・大矢根聡編『グローバル社会の国際関係論（新版）』有斐閣，2011 年

山本健『ヨーロッパ冷戦史』筑摩書房，2021 年

山本吉宣『国際レジームとガバナンス』有斐閣，2008 年

油井大三郎・古田元夫『世界の歴史 28　第 2 次世界大戦から米ソ対立へ』中央公論新社，1998 年

吉村祥子「経済制裁と正統性・実効性」竹内俊隆・神余隆博編著『国連安保理改革を考える』東信堂，2021 年

渡邊頼純『国際貿易の政治的構造　GATT・WTO 体制と日本』北樹出版，2007 年

【英語文献】

Bown, Chad P., and Soumaya Keynes, "Why Trump Shot the Sheriffs: The End of WTO Dispute Settlement 1.0", *Working Paper 20-4*, Peterson Institute for International Economics, March 2020

Bown, Chad P., "There Is Little Dignity in Trump's Trade Policy" *Foreign Affairs*, July 9, 2020.

Gilpin, Robert. *War and Change in World Politics*, Cambridge: Cambridge University Press, 1981.

Gruber, Lloyd. *Ruling the World: Power Politics and the Rise of Supranational Institutions*, Princeton: Princeton University Press, 2000.

Krasner, Stephen D. "State Power and the Structure of International Trade", *World Politics*, no.28, April, 1976.

Krasner, Stephen D. "Regimes and the limits of realism", *International Regimes*, edited by Stephen

D. Krasner, Ithaca: Cornell University Press, 1983.

Levy, Philip. "Was Letting China Into the WTO a Mistake?" *Foreign Affairs,* April 2, 2018.

Lipcy, Philip Y. *Renegotiating the World Order: Institutional Change in International Relations,* Cambridge: Cambridge University Press, 2017.

Lipson, Charles. "The transformation of trade: the sources and effects of regime change", *International Regimes,* edited by Stephen D. Krasner, (Ithaca, Cornell University Press, 1983)

Schwab, Susan C. "After Doha, Why the Negotiations Are Doomed and What We Should Do About it." *Foreign Affairs,* May/June 2011.

Wu, Mark. "The "China, Inc." Challenge to Global Trade Governance", *Harvard International Law Journal,* Volume 57, Number 2, Spring 2016.

【新聞・機関誌等】

『日本経済新聞』, *Financial Times*

第2章

WTO上級委員会問題について[1]

はじめに

　本章では，第1章で論じた，パワー分布の急速な変化が，国際秩序の機能に与えた影響の具体例として，WTO上級委員会問題を取り上げ，その政策的インプリケーションについて論じたい。WTOの紛争解決制度は，1995年に発足したWTOにとって最も成功した機能であるという指摘がなされ[2]，中でも最終審である上級委員会はその機能の中核をなすものであったが，WTO設立後，20年余が経過した後，直接的には米国が新たな上級委員の任命をブロックしたことにより，上級委員の定員が欠けることにより，2019年12月にその機能が停止した。その結果として，第1章第2節第3項，第4項で見たように，各国はWTOの紛争解決制度以外の措置をより活用していく方向で動いていく。

　まず，第1節で，上級委員会の特徴を理解する上でも，前史としてのGATTの紛争解決制度の歴史と特徴を概観する。続けて，第2節で上級委員会を中心とするWTOの紛争解決制度の特徴とその成果を取り上げた上で，成功の後に機能不全へと陥っていく過程を概観し，論じる。その上で，第3節で上級委員会が何故機能しなくなったのかについて，上級委員会の法化と，第1章で論じたWTOを取り巻くパワー分布の急速な変化とWTOの機能という2つの観点から論じ，おわりにでその政策的なインプリケーションについて論じたい。

第1節　GATT の紛争解決制度[3]

　第2次世界大戦後，貿易等に関する本格的な国際機構として構想された国際貿易機関（ITO）構想が，米国議会の反対等により頓挫したことを受けて，そのうちの物品分野における貿易自由化の暫定的な枠組みとして成立したGATT においては，本格的な紛争解決メカニズムは定められなかった。紛争解決については，GATT22 条及び 23 条に，締約国間の紛争はまず協議によって解決を図り，協議によって解決できない場合には，これを「締約国団」の検討に付し，締約国団がその相違により状況が十分深刻であると認めた場合には，譲許の停止その他の適切な措置を行うことができるとされていた。

　この GATT22 条，23 条を基に，最初期の紛争解決（DS）実務では，定期的に開催される GATT の締約国会合の中で，議長が当事国双方にとって受け入れ可能な裁定案を検討，提示し，これを締約国団がコンセンサスをもって受け入れる，という形で運用されていた。これが徐々により紛争解決の審理に特化した場を設ける方向にシフトしていく。最初の動きとして，紛争当事国を含む一部締約国の代表で構成される「作業部会」に解決案の検討を付託し，この作業部会の勧告ないし裁定を締約国団が採択するという方式が採られるようになった。1952 年にはこの作業部会に替えて，紛争当事国の出身者を含まない中立的な専門家からなる，半常設の「申立処理パネル」が設けられるようになった。さらに，1955 年以降は，事案毎に設置されるアドホックな小委員会（panel）による審理が導入された。このパネル手続きが，その後も継続することになる。このパネル手続きの運用を経て，1979 年に妥結した，GATT の東京ラウンドでは，従来の GATT22 条，23 条下で発展してきた紛争解決のプラクティスが明文化される[4]。具体的には，「通報・協議・紛争解決及び監視に関する了解」と題する GATT の決定が，1979 年 11 月の GATT 総会で採択され，これまでの慣行をベースに，提訴国による GATT 理事会に対するパネル設置要請，理事会によるパネル設置決定，理事会による原則として 1 カ月以内のパネリスト（3～5 名）の決定，パネルによる原則として 3～9 カ月以内の理事会への報告書の提出，パネルの報告を踏まえた締約国団による勧告や裁定の妥当

な期間内の決定等の紛争解決手続が定められた[5]。また，東京ラウンドコード
を構成する個別協定にも，GATT の特則として，より詳細な紛争解決手続が
定められた[6]。

　また，これらの動きを受けて，1981 年には当時のアーサー・ダンケル
GATT 事務局長の判断により，まず 2 年間の暫定組織として GATT 事務局に
法務室が設けられ，1983 年には正式に設置された[7]。この法務室が 1989 年に
はさらに法務部に発展していく[8]。この法務室，法務部をはじめとする GATT
事務局の法律専門スタッフが，審理の手続面のみならず，実体面からもパネル
の補佐役として重要な役割を担い，かつ，後に言及するように，WTO の時代
に入ると，紛争解決制度自体に影響を与えていくようになる。

第2節　WTOの紛争解決制度

1．WTOの紛争解決制度の成立

　GATT から，ウルグアイ・ラウンドでの交渉を経て，WTO が設立される
に当たって，紛争解決制度については，その機能が大幅に強化された。GATT
時代は，その都度構成されるパネルのみの一審制であったのに対して，WTO
の下では二審制となり，常設の上級委員会が導入された。さらに GATT 時代
は，パネル報告書は全会一致での採択（ポジティブ・コンセンサス方式のため
敗訴国が拒否（veto）できる）だったのに対し，WTO では全会一致による反
対がない限り自動的に採択となり（ネガティブ・コンセンサス方式），拘束力
が飛躍的に高まった。この結果，WTO の紛争解決制度は大幅に強化された。
国際通商分野の国際レジームにとって，「とりわけ重要な発展」であったと指
摘されている[9]。

　各国，とりわけ米国はなぜこのような強力な紛争解決制度に合意したのであ
ろうか。『アメリカの通商政策』を著した佐々木は，ウルグアイ・ラウンドに
おいて，米国が追求していた途上国の市場開放や，農産物，サービス分野の市
場開放，知的財産保護等において，一定の成果，ルール形成ができたことを受

けて，これらの新しい国際ルールを厳しく守らせる体制を作ることが米国にとってもメリットがあったため，と指摘する[10]。通商政策に詳しい米国の国際政治経済学者であるクレイグ・ヴァングラステックも，WTOの設立と紛争解決制度の大幅な強化について，米国がウルグアイ・ラウンドで要求していたサービス分野の自由化や知的財産権の保護，投資の保護等について大きな成果が上がったからであると指摘している[11]。他方で，通商法関係で著名な米国の弁護士である，テレンス・P・スチュワートが指摘しているように，米国はウルグアイ・ラウンド交渉中から，パネルの設立や報告書の採択を事実上自動化する，いわゆるネガティブ・コンセンサス方式の採用を主張し，EU等他国が，これら手続きには加盟国のコンセンサスが必要であると主張していた[12]。米国が実体ルールがウルグアイ・ラウンドで強化されることを前提に，その強化された実体ルールを強力に執行する紛争解決手続を望み，むしろEU等の方が上級委員会のような強力な紛争解決制度には慎重であったのが窺える。このように，WTOの強力な紛争解決制度は，ウルグアイ・ラウンド合意，WTO設立時のパワー分布の下で成立した，著しく強化された実体ルールを前提とした機能であったと指摘できる。

2．WTO紛争解決制度の実績

　WTOの紛争解決制度には，発足した1995年に日本が米国に対して協議要請した，米国通商法301条に基づく一方的措置（自動車に対する100％関税賦課等）のケースを始め，多くの案件が持ち込まれた。発足以来，600件近い協議要請がなされ，そのうちの約6割のケースでパネルが設置され，さらにそのうちの約半数が上級委に持ち込まれ，判断が示されている[13]。結果，約90％の履行率で加盟国はこれに従ってきた[14]。

　最初の10年ほどは，日本，米国，EUといった先進国の間のケースが多かった。ウーは，1995年から2005年にかけては，米国が提訴したケースの約40％は対日本か対EU（含むEU加盟国）であり，EUが提訴したケースの半数近くは対米国か対日本であり，日本が提訴したケースの約3分の2は対米国であったことを指摘している[15]。著名なものとして，EU等が米国の1974通商法

301 条を提訴したケース（DS152）[16] や，日本や EU 等が米国による鉄鋼製品に対するセーフガードを提訴したケース（DS248 等），米国と EU がそれぞれのエアバス社，ボーイング社に対する補助金を提訴したケース（DS316）等が挙げられる。こういったケースで WTO の紛争解決手続は，一定の成果を挙げてきた。

これに対して，ドーハ・ラウンドの挫折が明確となった，2010 年前後からは，先進国対新興国，特に米国対中国のケースが目立つようになっていた。その先駆けが，2012 年に日米 EU が，中国によるレアアース等の輸出規制措置について，中国に対して協議要請したケース（DS431 等）である。日米 EU は，中国によるレアアース輸出に対する輸出税の賦課，輸出数量の制限，貿易権の制限は WTO 協定違反であるとし，パネル及び上級委員会において，日米 EU の主張が認められ，2014 年に中国の敗訴が確定した。中国は 2015 年に，輸出税の撤廃や輸出制限の撤廃等，措置の是正を行った。チャド・ボーンとダグラス・アーウィンは，「中国は WTO の判断に驚くほどよく従ってきている」と評価している[17]。

米国はその後も，2012 年には中国による自動車及び自動車部品産業に対する補助金（DS450），2015 年には中国による複数産業に対する輸出実績ベースでの補助金措置ケース（DS489），中国による国内製造航空機に対する優遇課税措置ケース（DS501），中国による別のレアアース群に対する輸出制限措置（DS508），2016 年には中国による農業補助金ケース（DS511），中国による輸入農産品に対する関税割り当て措置ケース（DS517），2017 年初めには中国によるアルミ産業に対する補助金ケース（DS519）と次々と対中提訴を行った。

以上からは，WTO の設立以来，WTO という国際通商秩序，レジームの紛争解決制度という機能が働き，日本，米国，EU，中国等主要国は，レジームの紛争解決制度という機能を活用して問題の解決を図っていたことが分かる。2008 年のリーマン・ショックを経て，2010 年代に本格化する中国の急速な台頭に対しても，当初は紛争解決制度というレジームの機能により対応していたと言える。

3. 米国と上級委員会

では，上級委員会の機能を止めた米国と上級委員会との関係は，WTO発足当初からはどうであったのだろうか。米国内では，WTO発足当初から，上級委員会に対して懐疑的な動きがあった。1995年には，当時のボブ・ドール米上院院内総務は，上級委員会が3回米国を敗訴にする判断を下したら，米国はWTOを脱退することを内容とした法案を提出している。

その後も，2002年に米国による鉄鋼製品に関するセーフガード措置を日本，EU等が訴えたケース（DS248等），2006年及び2009年に米国によるアンチダンピング調査におけるゼロイング手法[18]をEU等が訴えたケース（DS294，DS350）で，米国のいわゆる貿易救済措置を，上級委員会が立て続けにWTO協定違反とし，米国の上級委員会への不満は高まった。例えば，DS294ケースにおいて，米国が上級委員会に提出した文書では，米国は，上級委の判断についての支持者による，「この判断はWTO法理における重要な進展となった。上級委は自由貿易に対して，交渉だけでは成し遂げられない大きな貢献を成し遂げたと言える」との文章を紹介の上，「WTOの紛争解決機能が11年間築き上げてきた信頼を蝕むものとなるだろう」と述べている[19]。

米国の上級委員会への不満は，まず，自国からの上級委員の扱いにおいて表れた。2003年には，米国は，自国の上級委員候補としてメリット・ジャノー コロンビア大学教授を推挙し，選ばれたが，1期（4年）で交代させた。後任として，米国の貿易救済措置調査当局であるUSITC（米国国際貿易委員会）の委員だったジェニファー・ヒルマンを推挙し，2007年に上級委員として選出された。しかしながら，ヒルマンについても，オバマ政権は2011年に，1期で差し替えている。アンチダンピングのゼロイング・ケースで，上級委員会において，米国が前述のとおり敗訴したことなどが影響していると考えられる。ヒルマンは，これに対して，「当時，公に言われていたのは，米国は，もっと強く米国の利益を守り，貿易救済措置のケースについて不同意するような人物を欲していたということだった」と回想している[20]。

また，2016年には，オバマ政権下で，慣例上認められている，上級委員の再任を，張勝和（チャン・スンワ）上級委員（韓国）についてブロックした。

当時のフローマン通商代表は，その理由を後に，「上級委員がウルグアイ・ラウンドでの合意に即するのか，それとも新たに法を創造するかの問題だった」と述べている[21]。トランプ政権以前にも，米国は超党派で上級委員会が合意された法以上のものを創造しているという不満を抱いていた証左である。

　では，米国のアンチダンピング調査におけるゼロイング手法をめぐるケースとはどのようなケースだったのだろうか。米国が主張する上級委員会への不満の本質は何なのだろうか。ゼロイングに関連する WTO のアンチダンピング協定 17.6 (ii) 条に関する上級委員会の解釈をめぐる議論を取り上げる。同条は，「小委員会（パネル）は，この協定の関連規定を解釈に関する国際法上の慣習的規則に従って解決する。小委員会は，この協定の関連規定が二以上の許容し得る解釈を容認していると判断する場合において，当局の措置がこれらの許容し得る解釈の一に基づいているときは，当該措置がこの協定に適合しているものと認める」とある。この第二文の「二以上の許容し得る解釈を容認していると判断する場合」の解釈が，議論となってきた。

　特に，米国と EU が争い，上級委報告書が 2009 年に WTO の紛争解決に関する加盟国の会合である紛争解決機関（DSB）で採択された，「米国―ゼロイング手法の維持と継続的な適用」（DS350）では，上級委報告書（WT/DS350/AB/R）は，以下の点を指摘した。具体的には，①「アンチダンピング協定 17.6 (ii) 条の第二文（二以上の解釈）は，第一文（国際法上の慣習規則）に照らして解釈されなくてはならず」（パラ 271），②「同条第二文の適切な解釈は，ウィーン条約法条約の条文と原則と整合的でなくてはならず」（パラ 272），③「合意された条文は，建設的な曖昧さでしか合意できなかったにせよ，法解釈は，秩序を明確にする努力であり」（パラ 306），④「裁定においては全ての偉大な議論には終わりが必要であり」（パラ 312），「上級委員会は，協定の条文の意味を明確化するために存在し」（パラ 312），⑤「アンチダンピング協定 17.6 (ii) 条の第二文は，2 つの競合する解釈を容認するものではなく，1 つが優越しなくてはならない」（パラ 312）とした（関連部分を筆者抜粋[22]）。以上からは，上級委は，「（加盟国間の）交渉では曖昧な合意しかできなくても，法解釈は秩序を明確にする努力であり，2 つの競合する解釈は容認できず，1 つにしなくてならない」と判断しているように見受けられる。その

結果として，上級委員会は，アンチダンピング協定17.6（ii）の適用範囲を狭く解釈し，「ゼロイング」に係る米国の実務を否定した[23]。

　この2009年の上級委の判断の射程をどう捉えるかについては，厳密な検討が必要であろう。しかしながら，米国内では，この上級委判断は，米国がウルグアイ・ラウンドで，米国のアンチダンピング実務を継続するために交渉で勝ち取った，アンチダンピング協定17.6（ii）条第二文を，解釈により，狭め，米国にとって事実上意味がない条文としたと受け止められた。結果として，DSU3.2条と17.2条で規定する，「パネル及び上級委は，対象協定に定める権利及び義務に新たな権利及び義務を追加し，または対象協定に定める権利を減ずることはできない」という部分に，上級委員会が違反した典型例と米国内では受け止められたのである。本件が，米国政府，議会及び産業界が重視しているアンチダンピング協定の分野であったこともあり，上級委員会の越権の象徴として米国内では捉えられることとなった。

　追い打ちをかけるように，貿易救済措置の3本柱の3つ目である，補助金に対する相殺関税措置についても，米国による中国製品に対するアンチダンピング，相殺関税措置ケース（DS379）等において，2011年，米国敗訴の判断を下した。DS397は，中国の国有商業銀行の政策金融等の支援を受けた溶接鋼管等の製品の米国への輸出に対して，米国が当該政策融資等を補助金とみなし，相殺関税をかけたことを中国が提訴したケースだった。上級委員会は，米国が，中国の当該国有商業銀行を，WTO補助金協定上の補助金の出し手としての「公的機関」であると認定したことを立証不十分であるとした。

　具体的には，このDS379ケースでは，第一審に当たるパネルが，米国の主張どおり，政府による当該機関の株式の過半数所有が政府支配を明確にかつ強く示す証拠であるとし，それに対する中国の反論が十分でないとし，米国勝訴の判断を下した。これに対して，第二審である上級委員会は，公的機関は，政府権限を有し，行使し，または付与された実体であるとし[24]，その認定のためには，問題の実態の中核的な特徴及び協議の政府との関係をケース・バイ・ケースで適切に評価しなければならないとの解釈を示した。その認定のため，法令で明確に権限が付与されている事実だけではなく，実際に権限を行使している事実，政府が実態に対し意味のある支配を行使している事実が証拠となり

うるとする一方で，狭義の政府が当該実態の過半数の株式を所有している等の形式的なつながりだけでは足りないとの考えを示した[25]。さらに当該実態のあらゆる関連する特徴を評価し，それに適切な考慮を払う必要があり，その一部に排他的に，または不当に焦点を当ててはならないとの指針も示している[26]。

　その結果，上級委員会は，米国商務省は，主として，国有企業が中国政府によって過半数所有されている事実に基づいて「公的機関」であると認定したが，過半数所有は政府による意味のある支配の証拠になりえないし，それだけでは，政府機能を実行する権限を付与されている証拠になりえないとして[27]，米国商務省の国有企業に関する公的機関認定を補助金協定 1.1 条（a）（1）に適合しないと判断した[28]。米国敗訴の判断を下したことになる。

　これは川島が指摘しているとおり，この上級委員会の判断により，相殺関税を発動するための調査における，「公的機関」の認定は，調査当局にとって，各種の要因を包括的かつ実質的に検討した上でないと行うことのできない，より困難なものとなり，その意味で，実務に対してきわめて大きな影響を与える解釈である[29]。中国政府及び国有企業による産業補助金に関して，政府そのものだけでなく，国有企業等がプレイヤーとなる中国の国家資本主義の実態を，上級委員会は有効に規律できず，むしろ米国の対抗措置（相殺関税措置）を使いにくくしているとして，米国内では評価されるようになった[30]。

　以上，概観したように，トランプ政権の誕生以前から，米国では上級委員会への懸念が強まっていた。そして，その大きな理由は，チャド・ボーンも指摘しているように[31]，前述の DS350，DS379 ケースで見られたように，米国の相殺関税措置などの貿易救済措置が，中国の急成長で対中国でより必要になってきているのにも関わらず，上級委員会の判断により，使いにくくなってきていたことが背景にあることが指摘できる。

4.　トランプ政権と上級委員会

　2017 年に誕生した米国のトランプ政権で任命されたロバート・ライトハイザー通商代表の下，米国は上級委員会問題についてより強い声を上げていくことになる。新たな上級委員の任命を拒否していくのである。

　上級委員は全部で7名で4年ごとに任期が来る。7名同時に任期が来ることがないよう，任期は分散されていた。2017年は，事実上の中南米枠であるリカルド・ラミレス・ヘルナンデス上級委員（メキシコ）の任期が6月30日に来る予定で，またもう1名，事実上の欧州枠であるピーター・ヴァン・デン・ボッシュ上級委員（ベルギー）の任期が12月11日に来る予定であった。

　経緯を詳しく見ていくと，この2名の上級委員の選考について，DSBでの議論が始まった当初は特段問題が生じているわけではなかった。この2名の選考について初めて取り上げられた，2017年1月25日に開催されたDSBの定例会議において，ザビエル・カリム議長（南アフリカ）は，両上級委員の任期が来ることに言及し，1つずつ選考プロセスを行っていくのか，2つ同時に行っていくのか，どちらの方法をとるか加盟国に問題提起をした[32]。この時点では議長が問題提起しただけで会合は終了している。同年2月20日に開催されたDSBの定例会議では，カリム議長は，加盟国とのコンサルテーションの結果，多くの国は，2つのプロセスを同時進めることを支持したが，2カ国が任期が先に来るラミレス上級委員の後任の選考プロセスを先に始めるべきだと主張したと述べ，現時点で加盟国間のコンセンサスがないので，次回会合まで協議を継続するとした[33]。この会合では米国は発言もしていない。同年3月21日に開催されたDSBの定例会議でも，カリム議長より，状況に変わりはなく，現時点で加盟国間のコンセンサスがないとの報告があった[34]。米国はこの会合では，議長や他の加盟国と引き続き協議を継続したいと述べたに留まった[35]。

　同年4月19日に開催されたDSBの定例会議からは，議長が伊原純一日本大使に代わった。伊原議長からは，前回会合以降コンサルテーションを行ったが，上級委員選考プロセスをどう進めるかについて未だコンセンサスがない旨報告があった[36]。これに対して，メキシコが，アルゼンチン，ブラジル，コロンビア，チリ，グアテマラ，メキシコ，ペルーを代表して，ラミレス上級委員の後任の選考を始めるべきだと発言があった。これに対してEUは，2名の上級委員の空席ポストの選考プロセスを同時に進めるべきだとの発言があった。米国は前回と同様の短い発言しかしていない。

　この翌月，5月11日にライトハイザー通商代表は米国上院本会議で就任の承認を受け，同月15日に就任宣誓式を行い，通商代表に就任した。その後，

事態は動いていく。同年5月22日に開催されたDSBの定例会合で，米国は初めて積極的に発言を始める[37]。この会合では2つの提案が行われた。1つはEUからで2つのプロセスを同時に進めることを提案し[38]，もう1つはメキシコら中南米諸国によるもので，ラミレス上級委員の後任プロセスを始めることを提案していた[39]。米国は，EU提案に対して，米国は政権移行期にあり，ライトハイザー通商代表も就任したばかりであり，任期が1カ月後に迫ったラミレス上級委員の後任の選考プロセス開始は認めるが，任期がまだ半年ある上級委員の後任の選考プロセスの開始を支持することは今はできない，と発言した[40]。結果として，これまでの会合同様，2つのポストの選考を同時に始めるか，1つを始めるかでコンセンサスは成立しなかった。

　同年6月19日に開催されたDSBの定例会合では同じ構図が繰り返される[41]。EUが2つの後任選考プロセスの同時開始を主張し，これに対して，米国が政権移行期にあり，通商代表が就任して間もないことを理由に，ラミレス上級委員の後任の選考プロセスの開始には同意するが，任期が半年後であるもう1つのプロセス開始には反対する旨を表明し，中南米諸国はラミレス候補の後任選考プロセスの開始を求めるというものであった。7月20日に開催されたDSB会合でも同じ構図が繰り返された[42]。

　この間，6月30日に，ラミレス上級委員の任期が終了し，上級委員は定員7名に対して，1名欠員となり，6名となった。さらに予想外のこととして，8月1日に，金鉉宗（キム・ヒョン・ジュン）上級委員（韓国）が，韓国の通商本部長就任のため，突然辞任した。これにより，上級委員は，5名となる。1つの案件を3名で行うことがDSUにより義務付けられており，欠員が増えてきたことで，危機感が高まってきた。

　8月31日に開催されたDSBの定例会合で，米国は初めて，実質的な主張を始める。米国は上級委員会検討手続の規則15条（ルール15）と，WTOの紛争解決了解（DSU）17.2条との関係性を問うことから主張を始めた[43]。ルール15は，「上級委員でなくなった者は，上級委員会の承認及び紛争解決機関に対する通知によって，委員であったときに割り当てられた上訴の処理を完了することができ，当該人物は，当該目的のためのみ，引き続き上級委員会の委員であるとみなされる」と規定する[44]。米国は，上級委員会検討手続は，WTO加

盟国が合意したものではなく，あくまで上級委員会によって決められた内規であるにもかかわらず，上級委員会検討手続に基づき，上級委員会自身が，本来は加盟国が DSU17.2 条に基づき，加盟国の会合である紛争解決機関（DSB）で決めるべき上級委員の任命とも言うべき任期の延長を行っていることを指摘した[45]。米国はその上で，上級委員の選考プロセスを始める前に，まずこのルール 15 の問題を議論すべきだと主張した[46]。

　この米国の発言に対して，各国はルール 15 の問題と上級委員の選考プロセス開始の議論をリンクすべきではないと主張した。これに対して米国はさらに，この議論は，実質的な中南米枠の選考プロセス開始にも当てはまるとし，従来は容認していた，中南米枠の選考プロセスの開始も事実上ブロックした[47]。米国はこの後も，同年 9 月，10 月，11 月の DSB の定例会合で，同じ立場をとり，上級委員の選考プロセスの開始もブロックした。その結果，12 月には，ヴァン・デン・ボッシュ上級委員の任期も来て，上級委員は 4 名となった。

　2018 年に入ると，米国はルール 15 だけではなく，上級委員会に関する他の問題も主張するようになった。2018 年 2 月 28 日に USTR より公表された，2018 年大統領貿易アジェンダでは，上級委員会の具体的な問題として，① 90 日問題（DSU17.5 条で定める上級委員会は 90 日以内に報告書を発出しなければならないとするルールに違反し，90 日越えが常態化している問題），② ルール 15 問題（前出），③「傍論」の問題（上級委員会は当該紛争の解決に不必要な意見（傍論）を発出している），④ 事実認定の検討，特に国内法の初審的検討，⑤ 先例問題（上級委の判断を拘束力ある先例として取り扱うこと）等を取り上げている[48]。共通しているのは，上級委員会が，加盟国間で合意された DSU に違反したことを行っているまたは DSU で決まった以上のことを行っているという批判である。

　2018 年 9 月には，セルバンシング上級委員（モーリシャス）の任期が来て，上級委員の残りは 3 名となった。これに対して，EU は，2018 年 11 月に，中国，インド，カナダ，オーストラリア等と共同で，当面の課題として，5 点についての解決をした上で，上級委員任命プロセスを再開することを呼びかける提案を WTO において行った[49]。5 点としては，① ルール 15 問題について

は，口頭審理を終えた案件については，当該上級委員は任期後も継続できる旨，DSU 上明確化する，② 90 日問題については，DSU17.5 条を改正し，当事国の合意があれば 90 日を超えられるようにする，③ 傍論問題については，DSU17.12 条を改正し，"the Appellate Body shall address each of the issues raised" に，"to the extent this is necessary for the resolution of the dispute" という一文を加える，④ 国内法の解釈については，それを行わない旨を明確化する，⑤ 上級委判断の先例化の問題については，加盟国と上級委員の間の定期的な会合を設け，加盟国が上級委員会の過去の判断に対して意見を述べていく機会を設けるといったことを提案している。

　EU は合わせて，中国，インドと共同で，上級委員会の機能強化を図る観点から，① 上級委員会の任期を一期制にする代わりに，現行の 4 年を 6 年から 8 年に延ばすこと，② 人数も 7 名から 9 名に増員すること，③ 次の上級委員が選ばれるまで，任期が切れる委員は任期を継続すること等を内容とする提案も行った[50]。EU 提案の 1 つ目は，米国の問題意識に一部応えている一方で，90 日を合意で越えられるようにする点や，協定改正を必要とするという点等で，米国からの反発を受けた[51]。また 2 つ目の提案は，上級委員会の役割を限定しようとする米国と反対の方向の提案であり，米国から強い批判があった[52]。この他，ブラジルを始め，複数の国々が提案を行った[53]。

　また，日本も，オーストラリア，チリと共同で以下を内容とする提案を，2019 年 4 月に行った[54]。日本等による提案は，形式としては，EU 案のような協定改正ではなく，現行の協定の確認を一般理事会決議として求める形式を採用し，各論ではいわゆる上級委員会の越権問題に焦点を当てている。具体的には，① 上級委員会の検討範囲（パネル報告の法的な問題に限定されること）の確認，② 90 日期限の厳守の確認，③ 上級委員会の判断の先例的価値がないことの確認，④ 上級委員会が解釈により加盟国の権利・義務を変更してはならないことの確認，⑤ アンチダンピング協定が，複数の解釈を明確に許容していることの確認，⑥ 上記決議履行を確保するため，DSB と上級委員会の定期的な会合を実施すること等を挙げている。日本等による提案は，EU 等による提案が協定改正という体裁をとっていたのに対して，米国による，「現行協定がきちんと履行されれば，上級委員会の行動は正常化する」という論理を踏

まえ，現行の協定の確認という形をとった[55]。また，この問題が，純粋な法律論ではなく，政策的な側面も有していることから，パラ 13，14 において，上記決議の履行を確保するため，DSB と上級委員会の定期的な会合の実施という提案をしている[56]。日本等の提案による，確認という考え方や，個別の論点の中身については，この後のデビッド・ウォーカー NZ 大使（DSB 議長）による提案（ウォーカー提案）に反映された[57]。

　この事態を受けて，その打開を目指して，2019 年 1 月よりウォーカー DSB 議長による関心国を集めた会合が開催されるようになった。各国からの提案を踏まえ，議論が重ねられた。その結果，上級委員会がどう機能すべきかについての一般理事会決定案がウォーカー DSB 議長によって作成され，2019 年 11 月 28 日付で WTO 一般理事会に提出された[58]。同提案は，同年 12 月 9-10 日に開催された一般理事会で議論される。しかしながら同決定案に対しても米国が反対し，一般理事会で合意は成立せず，解決に至らなかった[59]。同年 12 月 10 日には，さらにグラハム上級委員（米国）とバティア上級委員の 2 名の任期が終了した結果，上級委員の数は，審議に必要な最少人数である 3 名を割り込み，残り 1 名となった。これにより，1995 年の WTO 設立以来，WTO による国際通商秩序の中心的機能を果たしてきた，上級委員会の機能は事実上停止する。世界の有力な経済紙であるフィナンシャル・タイムスは，同日の社説で，紛争解決機能が停止し，同機能に基づく制裁措置がとれないことで，ルール違反が増加していくことへの懸念等を指摘した[60]。

5.　多国間暫定上訴仲裁協定（MPIA）

　上級委員会が事実上機能停止したことを受けて，2020 年 3 月に，EU は中国，ブラジル，カナダ，オーストラリア等 15 の WTO 加盟国と共に，DSU25 条に基づく多国間暫定上訴仲裁協定（Multi-Party Interim Appeal Arbitration Arrangement Pursuant to Article 25 of the DSU（MPIA））に合意したことを発表し[61]，MPIA は同年 4 月から発効した。これは機能停止した上級委員会に代わる第 2 審としての機能を，有志国間で提供するものである。具体的には上級委員に相当する仲裁人をプールし，仲裁人が第 2 審としての機能を果たす

ことになる。同年 8 月には仲裁人 10 名が選出され，2022 年 2 月末時点で，参加国は，25 の WTO 加盟国となった[62]。また，MPIA を利用する旨，両当事国が合意した案件は 6 件，うち 2 件は和解及び申立取り下げによりパネル手続きが終了した[63]。

　なお，EU においては，EU が貿易対抗措置をとるには WTO の手続きを上級委員会審理まで含めて終えることが必要とされていたが，上級委員会が機能停止している状況で，他国が上訴をすると拘束力ある判断を受けることを回避できることから，そのような上訴（いわゆる「空（から）上訴」）を MPIA に参加しない WTO 加盟国が行った場合には，EU が対抗措置を打てるようにする EU 規則の改正が 2021 年 2 月に行われ，2022 年 1 月にはブラジルも同様の内容の暫定法を制定している[64]。

第 3 節　パワー分布の急速な変化と WTO 上級委員会

　1995 年の WTO 設立の際に，紛争解決制度にはネガティブ・コンセンサス方式が導入され，紛争解決機関会合における加盟国の全会一致での反対がない限り，パネルや上級委員会による報告書が採択されることとなり，GATT 時代に比べて，紛争解決制度は飛躍的に強化された。多くの通商紛争を解決した。山本は，「WTO は，ルールのセットに関して，明確であり，体系的であり，加盟国はそれを遵守し，更にルールの解釈，違反の判定を第三者に委ねている。これを国際関係の法制度化と呼ぶ」と述べ，「現在の国際関係においては，さまざまな国際レジームが存在するが，WTO はこの法制度化の次元では，最も進んだものと言える」と評価している[65]。中川も，「ドーハ開発アジェンダは行き詰まったものの」，「司法化された紛争解決手続に対する加盟国の信頼は揺らいでいない」と述べている[66]。

　このように WTO，そして国際レジームの成功例として高く評価されていた WTO の紛争解決制度は，第二審である上級委員会が機能停止した。米国が主導して，WTO 上級委員会が機能停止していったことをどう考えたら良いだろうか。

1. 法的及び構造的な要因

　上級委員会の法解釈に臨む姿勢が，要因の 1 つであったことは指摘できる。上級委員会は問題となる条文に曖昧さがある場合，解釈を加えることで，曖昧さを解消しようとし，米国はこれを「司法積極主義」として批判した。アンチダンピング協定の 17.6 (ii) 条の解釈をめぐる問題はその典型である。

　上級委員会は，WTO の紛争解決手続 3.2 条が規定するように，「解釈に関する国際法上の慣習的規則に従って対象協定の現行の規定の解釈を明らかにする」ことが求められている。ここでいう国際法上の慣習的規則とは，ウィーン条約法条約を基本的には指し，同条約 31 条第 1 項は，「条約は，文脈によりかつその趣旨及び目的に照らして与えられる用語の通常の意味に従い，誠実に解釈するものとする」と規定している。同条同項を踏まえて，ヴァン・デン・ボッシュ上級委員が指摘したように，上級委員会は文言解釈による法解釈アプローチを徹底した[67]。その結果として，例えば米国のアンチダンピング措置について争った前出の DS350 では，上級委員会はその判断の中で，「合意された条文は，建設的な曖昧さでしか合意できなかったにせよ，法解釈は，秩序を明確にする努力であり」，「裁定においてはすべての偉大な議論には終わりが必要であり」，「上級委員会は，協定の条文の意味を明確化するために存在」すると述べた。前述のとおり，米国内では，この上級委判断は，米国がウルグアイ・ラウンドで，米国のアンチダンピング実務を継続するために交渉で勝ち取った，アンチダンピング協定 17.6 (ii) 条第 2 文を解釈により，狭め，米国にとって事実上意味がない条文としたと受け止められた。結果として，DSU3.2 条と 17.2 条で規定する，「パネル及び上級委は，対象協定に定める権利及び義務に新たな権利及び義務を追加し，または対象協定に定める権利を減ずることはできない」という部分に，上級委員会が違反した典型例と受け止められたのである。法化が進んだことにより，米国政府がかつて合意したことが変更されたという米国内での認識が，上級委員会の機能を停止させたといえる。

　また，かつて上級委員会委員も務めた松下や WTO の事務局次長を務めたアラン・ウルフが指摘しているように，上級委員会について，チェック・アンド・バランスが機能しない構造的な要因もあったと考えられる[68]。松下は，各

国の最高裁判所を例に挙げ，最高裁判所の判断が不合理なものであった場合，議会による立法でそれを是正することができ，チェック・アンド・バランス機能が働くが，WTO では，閣僚会議や一般理事会で同様の機能を果たすには，マラケシュ協定 9 条 2 項により，協定の解釈についての採決には，加盟国の 4 分の 3 の賛成が必要という高いハードルがあり，困難であると指摘している[69]。ウルフも同様に，一般理事会や紛争解決機関（DSB）が機能していないことを指摘している[70]。このように，ウルグアイ・ラウンド合意により導入された上級委員会等の判断をほぼ自動的に採択するネガティブ・コンセンサス方式と，マラケシュ協定 9 条 2 項の厳格さにより加盟国の解釈権の発動が容易でないことが相まって，上級委員会に対してチェック・アンド・バランス機能が働かなかったことも問題の原因となったといえる。

　また，チェック・アンド・バランス機能が働かなくなった他の要因として，GATT 時代の法務室の創設に加えて，WTO 設立以降，WTO 事務局に上級委員会事務局が創設され，上級委員会を専門的にかつ恒常的に扱う部局ができ，同じ専門家たちが，異動なく，上級委員たちよりも長い期間に渡って在任し続けることで，上級委員会の機能を実質的に担当してきたこともあると指摘されている[71]。このことにより，交渉経緯等よりも，文言解釈に立脚した法解釈，先例拘束性が一層進んだと指摘されている[72]。また，このように同じ専門家が異動なく，居続けることが，上級委員会の改革への障害となっていると米国が考えていることは，WTO 事務局のあるジュネーブでの公然の秘密であるとされた[73]。米国出身で，最後の上級委員 3 名のうちの 1 名となったトーマス・グラハムは，上級委員会規則 15 に基づき，2019 年 12 月 10 日の任期を越えて，既に始まっている案件について審議を続けて行くに当たって，事務局の在任期間の長い専門家の退任を条件にした，と伝えられている[74]。また，米国出身で上級委員を務めた経験もある，ヒルマンは，上級委員よりも在任が長い WTO 事務局上級委員会事務局の専門家の存在が上級委員会の硬直化の一因となっており，任期制が設けられるべきだと述べている[75]。2019 年 12 月 10 日における残っていた 3 名のうちの 2 名の上級委員の任期切れによる，上級委員会の事実上の機能停止を受け，2020 年 3 月 9 日には，ロベルト・アゼヴェド WTO 事務局長の判断で，上級委員会事務局の専門家たちは，暫定的に他の部局へと異

動することとなった[76]。

　GATT 事務局と WTO 事務局の初代法務部長を務めたフリーダー・ロス
ラーが，ダンケル GATT 事務局長と GATT の法務部門について，興味深い
回顧をしている[77]。ロスラーはまず，ダンケルが，法務部門を設立，発展させ
ていくに当たっては，漸進的に，かつ，政治的にどこまで可能かをよく見なが
ら前に進めたと指摘する。その上で，ダンケルは法務部の業務の独立性は尊重
しつつも，政治的に必要があれば，法務部の業務のうちアンチダンピング関係
等の貿易救済措置に関する法的業務については，ルール交渉も担当している
ルール部に移管するとの政治的な判断も行ったと指摘する[78]。さらに，ロス
ラーは，移管当時は，ダンケルの判断は法務部の業務を縮小し，法的に統一的
な解釈を損なうものだとダンケルに対し強く反発したが，それから 20 年以上
経過し，米国のアンチダンピング措置に関し，ルール部が事務を務め，米国の
措置を合法としたパネルの判断を，上級委員会が 3 件続けて判断を覆し，違法
とし，それに対する米国の政治的に強い反発が生じたことを経た，2015 年時
点で回顧すれば，ダンケルの判断は賢かったと述べる[79]。ロスラーは，ダンケ
ルは，政治的な争いとなる貿易救済措置分野を，GATT の紛争解決制度全体
からは隔離することで，全体が引き続き機能できるようにしたのだと指摘し
た[80]。ロスラーの指摘するダンケルの判断に，法的判断を尊重，活用しつつも，
法化一辺倒ではなく，政治的な判断と法的な判断とを構造的にバランスさせる
ことで，レジームとしての機能，法の支配を維持していく苦心と工夫が見て取
れる。

2. パワー分布の急速な変化の影響

　このような法解釈に関する上級委員会の姿勢が，米国と衝突し，上級委員会
の機能停止に至ったことは否めない。他方で，このような「法的な要因」だけ
が，上級委員会が機能停止した要因かと言えば，そうではないだろう。上級委
員会の機能の停止は，法的な要因が指摘できると共に，WTO をめぐるパワー
分布の急速な変化が要因となったと考えられる。この強化された WTO 紛争
解決制度も，同制度が WTO 加盟主要国の問題措置を十分に規律できるという

前提で，パワー分布とレジーム機能とが一致し，機能していたと評価できる。しかしながら，中国が経済的に急成長し，パワー分布が急速に変化し，鉄鋼の過剰供給問題に代表されるように，中国の産業補助金等の政策が米国を始めとする他の加盟国の経済や世界経済全体に大きな影響を及ぼすようになった。そうした中，DS379 で見られたように中国の産業補助金が WTO 紛争解決制度によって事実上規律されず，むしろ米国の相殺関税措置が WTO 協定違反とされ，使いにくくなったことは，上記のパワー分布とレジーム機能の一致を大きく崩したと指摘できる。

　すなわち，パワー分布とレジームの機能である上級委員会の機能との間に著しい不一致が生じたと言える。それを受けて，米国が行動し，上級委員会を事実上機能停止させ，GATT 時代のコンセンサス方式に事実上戻した。中国といった主要国の問題措置を規律できないのであれば，ネガティブ・コンセンサス方式という強力な機能を維持するのではなく，GATT 時代のコンセンサス方式に事実上戻したということになる。WTO における紛争解決機能は，第一審（パネル）という形で維持され，結果，ネガティブ・コンセンサス方式のように加盟国の意思が反映されずに自動的に報告書が採択されるのではなく，選択的に機能させることを可能にした。実際，米国は，上級委員会に対する行動を開始した 2017 年夏以降も，WTO の紛争解決手続自体は利用し続けた。2018 年 3 月には，対インドで，インドの輸出補助金を WTO 補助金協定違反であるとして提訴した（DS541）。同じく 3 月には，米国 1974 年通商法 301 条に基づく調査の結果を踏まえて，中国の内外差別的な知的財産保護制度を提訴した（DS542）。米国の行動は，WTO の紛争解決制度という機能全体を廃止しようとしているのではなく，その機能を第一審であるパネルに限定することで，GATT 時代のコンセンサス方式に事実上戻したと言える。

　また，米国は，上級委員会問題を WTO 改革全体を進めるためのレバレッジとして見ている点も指摘できる。米国は，国際場裡では，表立ってはそのように発言しないが，ライトハイザー通商代表を始めとする要人の米国内での発言を見ていくと，上級委員の任命をブロックすることで，WTO 改革全体を進めようとしている意図が窺える。2019 年 3 月の米上院財政委員会のヒアリングで，ライトハイザー代表は，「大胆になり，WTO との関係で唯一のレバレッ

ジ，すなわち改革しないのであれば上級委員を任命しないというレバレッジを使わないのであれば，どうやって改革ができるのか私は知らない」と発言している[81]。ロブ・ポートマン上院議員（共和党）も，上級委員会に於ける米国の動きは，米国の懸念への各国の関心を高めている，と発言している[82]。

3．小括

　以上の上級委員会問題について，パワー分布の急速な変化と国際通商秩序，レジームという視点から分析していくとどうだろうか。中国はWTO加盟後，急速に経済成長し，パワー分布が急速に変化した。第2節第2項で見たように，中国の急速な経済成長を受けて，米国を始めとする先進国は，WTO発足以来，主に互いに提訴しあっていたのが，2010年前後からは，先進国対新興国，特に米国が中国の措置を提訴するケースが目立つようになっていった。米国が中国の措置をWTO協定違反であるとして提訴し，中国が上級委員会で敗訴した場合には，レアアース等の輸出制限ケースで見られたように，輸出制限措置の撤廃等を行った。このように上級委員会というレジームの機能により，問題が解決しているのを見れば，レジーム機能は自律的維持され，リベラリズムの視点から見ることが妥当に思える。

　しかしながら，米国はWTO上級委員会に次第に不満を募らせていく。DS379で見られたように，中国経済の急成長により，中国の産業補助金等の政策が米国を始めとする他の加盟国の経済や世界経済全体に大きな影響を及ぼすようになったにも関わらず，上級委員会の判断により，中国の政策がWTO紛争解決制度によって規律されず，パワー分布とレジームの機能である上級委員会の機能との間に著しい不一致が生じていった。そしてこの上級委員会の問題を，WTO加盟国は過去にも議論はしながらも，相互依存や信条体系により自律的に解決していくことができなかった。レジームの自律性というリベラリズムの視点から見ることが困難となっていく。本節第1項で述べた，上級委員会の法化，硬直化がこのような困難に拍車をかけていったといえる。

　これに対して，米国は行動し，上級委員会の機能を止めた。WTOの設立時に強化された，上級委員会というWTO紛争解決制度の基底的な原則や規範を

変更しようとし，レジーム機能を止めたのである。このことは，パワー分布と
レジーム機能の著しい不一致を受けた機能停止というリアリズムの視点から見
ることができる。米国の行動を受けて，EU や日本，そして中国も上級委員会
の改革提案を出し，ウォーカー・プロセスに見られるような上級委員会改革に
向けた議論が WTO 加盟国によって行われ，ウォーカー大使からは改革案も提
示された。しかしながら，2022 年現在，上級委員会の機能は停止したままで
ある。このことをもって，リアリズムの視点から見ることが引き続き妥当と言
えるようにも思える。

　他方で，米国の行動後生じた，日本，EU 等の上級委員会改革に向けた動き
を捉え，レジーム機能停止の動きと新たな合意形成に向けた動きが共に起きて
いる，という視点で見ることもできる。もう 1 つは，米国が行動し，上級委員
会は機能停止したが，第一審であるパネルは引き続き機能しており，WTO の
紛争解決制度全体で見れば，ネガティブ・コンセンサスを変更して，事実上
GATT 時代の一審制，ポジティブ・コンセンサス方式に戻ることで，事実の
合意が成立しているという見方も可能である。以上のように考えれば，上級委
員会問題について，レジーム機能停止の動きと新たな合意形成に向けた動きが
共に起きている，という視点で見ることができる。筆者はこれを別著におい
て，レジーム機能のリバランスと名付け，論じた[83]。秩序の再構築とも言える。
パワー分布の急速な変化に直面したレジームや秩序は機能を停止するが，停止
するだけでなく，レジーム機能はリバランスされ，秩序は再構築されるのであ
る。報じられている，2022 年に入ってからの米国主導による WTO の紛争解
決制度の機能回復，改革に関する議論もまた，仮に事実だとしたら，レジーム
機能のリバランス，秩序の再構築の一例であると言える[84]。

おわりに

　本章では，パワーバランスの急速な変化が，国際秩序の機能に影響を与えた
個別具体的な事例として，WTO の上級委員会を例として取り上げ，何故，機
能不全に陥ったかを論じた。

　まず指摘できるのは，紛争解決制度を含む国際秩序，レジームの機能は，所与のもの，自明のものではないことである。秩序の成立，レジームの合意時のパワー分布を前提として成立し，機能するものであり，秩序の成立，レジームの合意時のパワー分布が急速に変化すれば，機能しなくなる。

　次に，WTO の紛争解決制度について言えば，MPIA は，上級委員会の上訴という機能自体の一定の範囲での代替にはなるが，上級委員会問題の解決そのものにはならないことが指摘できる[85]。では国際秩序の機能の一例としての WTO 上級委員会の機能の回復には何が必要なのだろうか。以下の 3 点を挙げたい。

　1 点目は，パワー分布の急速な変化により生じた，前提としてのパワー分布と機能との著しい不一致を解消していくための，交渉によるルールの強化であろう。法の支配を強化していくには，ルール自体をより実効性のあるものへと強化していく必要がある。法の支配を強化していくには，司法の役割に過度に依存するのではなく，立法の役割が重要であると言える。

　2 点目は，WTO の紛争解決制度，上級委員会で見られたような，文言解釈を中心とした法化をそのままにしておくのではなく，議論と交渉の要素を紛争解決制度に戻すべきであろう。具体的には，例えば松下は，マラケシュ協定 9 条 2 項を改正し，閣僚理事会や一般理事会が協定の解釈を採択するのに 4 分の 3 多数決が必要なのを，3 分の 2 多数決または単なる多数決に改正することや，WTO 事務局長が専門家を指名し，上級委員会の判断を定期的にレビューする非公式グループを設けること等を指摘している[86]。筆者は，このような加盟国が参加する一般理事会等による協定解釈機能の回復の他に，例えば交渉による妥協等の結果，協定の規定，文言が明確でない部分については，パネルや上級委員会が文言解釈により，常に解釈しきるのではなく，明確でないことを指摘した上で，DSB 等の加盟国による会合による議論へと差し戻す仕組みを設けること等も考えられると指摘したい[87]。そのことにより，加盟国間で交渉が行われる契機にもなると考えられる。また，ウルフは，議論を進める方法論として，米国，EU，さらには日本等が交渉に加わる，紛争解決制度に関するプルリ交渉によるアプローチを提案している[88]。前出の米国主導の WTO の紛争解決制度の機能回復，改革について，報道によれば，オコンジョイウェアラ

WTO 事務局長は，「紛争が起きたらすぐにパネルにいくのではなく，複数の
アプローチで紛争を解決する方法を検討する必要がある」と発言している
が[89]，事実だとしたら，筆者が指摘した，「議論と交渉の要素を紛争解決制度
に戻すべき」という方向性に合致しているといえる。

　3点目は，仮に WTO というレジームにおいて，パワー分布の実態に見合っ
たルールの強化が進まないのであれば，EPA 等の他のレジームにおいて，経
済関係の強化やルールの強化，紛争解決機能の強化を図ることが重要であると
指摘できる。そのことにより，WTO における改革を促していくことにもなる
からである。

　WTO の上級委員会が機能不全に陥った理由の本質を直視し，そのことに対
応した取り組みを行っていくことが，国際秩序やレジームの機能，法の支配を
回復していくことにつながるのである。

[注]

1　本章については，西脇修『米中対立下における国際通商秩序』文眞堂，2022 年の第 4 章第 2 節
「WTO 紛争解決制度の成功と挫折」を基に大幅に加筆したものである。また，本稿の内容は筆者
個人の見解であり，筆者が所属する組織とは関係がない。

2　例えば，Payosova, T., G. C. Hufbauer, and J. J. Schott（2018），"The Dispute Settlement Crisis in
the World Trade Organization: Causes and Cures", *Policy Brief, 18-5*, Washington DC, Peterson
Institute for International Economies.

3　本節の GATT の紛争解決制度については，宮岡邦生「WTO 上級委員会問題の本質」木村福
成・西脇修編著『国際通商秩序の地殻変動』勁草書房，2022 年と，同書で参照した，Gabrielle
Marceau ed., *A History of Law and Lawyers in the GATT/WTO*, Cambridge University Press,
2015 を参照した。

4　宮岡・前掲。

5　津久井茂充『ガットの全貌〈コンメンタール・ガット〉』日本関税協会，1993 年，76-77 頁。

6　宮岡・前掲，100-101 頁。

7　Gabrielle Marceau, Amelia Porges and Daniel Ari Baker, 'Introduction and Overview', Gabrielle
Marceau ed., *A History of Law and Lawyers in the GATT/WTO*, Cambridge University Press,
2015, pp.33-34.

8　Ibid., p.38.

9　田中明彦『新しい中世』講談社学術文庫（オリジナルは日本経済新聞社），1996 年，180 頁。

10　佐々木隆雄『アメリカの通商政策』岩波新書，1997 年，205-232 頁。

11　Craig Vangrasstek, *Trade and American Leadership*, Cambridge University Press, 2019, p.73.

12　Terrence P. Stewart, editor, *The GATT Uruguay Round, A Negotiating History（1986-1992）*,
Kluwer Law and Taxation Publishers, 1993, pp.58-66.

13　数字は WTO ホームページより。WTO 発足以来，2019 年 11 月時点での累計の協議要請数は
590。また，2018 年末時点の数字として，協議要請累積数が 573 件，そのうちパネルが設置された

のが336件，パネル報告書が出たのが249件，上級委に持ち込まれたのが166件となっている。

14 WTOは協議要請総数が500件となった2015年11月にそれまでの紛争解決手続きの利用状況について公表し，履行率を90％としている。Tenth WTO Ministerial Conference, Nairobi 2015; Briefing Note: Dispute Settlement.

15 Mark Wu, "The "China, Inc." Challenge to Global Trade Governance", *Harvard International Law Journal*, Volume 57, Number 2, Spring 2016, p.263.

16 DS（Dispute Settlement）から始まる数字は，WTO紛争解決制度に持ち込まれた紛争ケース毎に識別のため付される，通し番号になる。

17 Chad P. Bown and Douglas A. Irwin, "Trump's Assault on the Global Trading System", *Foreign Affairs*, September/October 2019, Volume 98, Number 5.

18 ゼロイングとは，ダンピングマージンの算定に当たり，輸出価格が国内価格より高い調査結果を「ゼロ」として算出する方法を指す。

19 WTO, "United States–Laws, Regulations and Methodological for Calculating Dumping Margins ("Zeroing") Communication from the United States", WT/DS294/16, 17 May 2006, para. 29.

20 Chad P. Bown and Soumaya Keynes, "Why Trump Shot the Sheriffs: The End of WTO Dispute Settlement 1.0", *Working Paper 20-4*, Peterson Institute for International Economics, March 2020, p.14.

21 Ibid.

22 この抜粋に当たっては，WTO Analytical Index のアンチダンピング協定17.6 (ii) 条関連部分に基づいた。

23 この点は，川瀬も，米国・日本製熱延鋼板AD税事件における上級委員会報告書の判断について，「同報告は，同 (ii)（協定解釈に関する審査基準）についても，条約法条約第31条の結果として協定解釈が複数存在する可能性を事実上否定し，当局の協定解釈の裁量を著しく狭めている」と指摘している。川瀬剛志「WTO紛争解決手続の履行問題 —手続上の原因と改善のための提言」『RIETI Discussion Paper Series 06-J-023』経済産業研究所，2005年，6頁。

24 WTO, *United States – Definitive Anti-Dumping and Countervailing Duties on Certain Products from China*, Appellate Body Report, WT/DS379/R, 11, March 2011, para.317.

25 *Ibid.*, para.318.

26 *Ibid.*, para.319.

27 *Ibid.*, para.346.

28 *Ibid.*, para.347.

29 川島富士雄「中国による補助金供与の特徴と実務的課題 —米中間紛争を素材に—」RIETI Discussion Paper Series 11-J-067, 2011年，32頁。

30 例えば，チャド・ボーンは，「米国は，WTOが米国による貿易救済措置の中国に対する使用を制約することを恐れている」と述べ，その理由として，DS379における上級委員会の「公的機関」に関する判断を挙げた。Chad P. Bown and Soumaya Keynes, "Why Trump Shot the Sheriffs: The End of WTO Dispute Settlement 1.0", *Working Paper 20-4*, Peterson Institute for International Economics, March 2020, p.18.

31 Ibid.

32 WTO, Dispute Settlement Body, Minutes of Meeting, 25 January 2017, WT/DSB/M391, pp.7-8.

33 WTO, Dispute Settlement Body, Minutes of Meeting, 20 February 2017, WT/DSB/M392, p.16.

34 WTO, Dispute Settlement Body, Minutes of Meeting, 21 March 2017, WT/DSB/M394, pp.12-13.

35 Ibid, para.9.14.

36 WTO, Dispute Settlement Body, Minutes of Meeting, 19 April 2017,WT/DSB/M396, pp.9-10.

37　WTO, Dispute Settlement Body, Minutes of Meeting, 22 May 2017, WT/DSB/M397, pp.24-25.

38　WTO, WT/DSB/W597.

39　WTO, WT/DSB/W596.

40　WTO, Dispute Settlement Body, Minutes of Meeting, 22 May 2017, WT/DSB/M397, para.10.3.

41　WTO, Dispute Settlement Body, Minutes of Meeting, 19 June 2017, WT/DSB/M398, pp.10-18.

42　WTO, Dispute Settlement Body, Minutes of Meeting, 20 July 2017, WT/DSB/M399, pp.9-14.

43　WTO, Dispute Settlement Body, Minutes of Meeting, 31 August 2017, WT/DSB/M400, pp.8-9.

44　WTO, WT/AB/WP/6

45　WT/DSB/M400, Ibid.

46　WT/DSB/M400, pp.13.

47　WT/DSB/M400, 7.11.

48　USTR, *The President's 2018 Trade Policy Agenda*, 2018, p.22-28.

49　WTO, WT/GC/W752

50　WTO, WT/GC/W/753

51　デニス・シェー米国大使による2018年12月12日のWTO一般理事会での発言。"Shea: Appellate Body reform proposals fail to address U.S. concerns", *Inside U.S. Trade*, December 12, 2018.

52　Ibid.

53　ブラジル（WT/GC/W/767），オーストラリア・シンガポール・コスタリカ（同754），ホンジュラス（同758-761），台湾（同763），タイ（同767），アフリカグループ（同776）。

54　WTO, WT/GC/W/768.

55　西脇修「WTO上級委員会問題について」『国際商事法務』Vol.48, No.1, 2020, 8頁。

56　同上。

57　WT/GC/W791（28 November 2019）。

58　Ibid.

59　WT/GC/M181. 米国の主張については，同文書のパラ5.100からパラ5.124。

60　"Global trade needs an independent referee", *Financial Times*, December 10, 2019.

61　European Commission, "EU and 15 World Trade Organization members establish contingency appeal arrangement for trade disputes", 27 March, 2020.

62　経済産業省『不公正貿易報告書』2022年版，482頁。

63　同上。

64　同上。

65　山本吉宣『国際レジームとガバナンス』有斐閣，2008年，191頁。

66　中川淳司『WTO　貿易自由化を超えて』岩波新書，2013年，211-212頁。

67　宮岡・前掲，105頁。

68　松下については，Mitsuo Matsushita, "Reforming the Appellate Body", Lo et al., *The Appellate Body of the WTO and Its Reform*, Springer, 2020, p.49. ウルフについては，Alan Wm. Wolff, "Restoring Binding Dispute Settlement", *Working Paper 22-5 WTO 2025*, PIIE, 2022, p.21.

69　Ibid.

70　Wolff, op. cit..

71　例えば，"Appellate Body's future could depend on whether its director keeps his job", *Inside US Trade*, December 5, 2019. また，スチュワート弁護士も同様に，上級委員よりも在任期間の長い専門家の存在が，上級委員会問題の一因であることを指摘している。Terrence P. Stewart, *Current Thoughts on Trade*, June 29, 2020.

72　Ibid.

73　Ibid.

74　Ibid.

75　Ibid.

76　World Trade Organization, Committee on Budget, Finance and Administration, 'Report of the meeting held on 9 March 2020' (WT/BFA/185/Rev.1), para.1.10.

77　Frieder Roessler, 'The Role of Law in International Trade Relations", Gabrielle Marceau ed., *A History of Law and Lawyers in the GATT/WTO*, Cambridge University Press, 2015, pp.168-169.

78　Ibid.

79　Ibid.

80　Ibid.

81　"Lighthizer: Appellate Body blocks the only way to ensure reforms" *Inside U.S. Trade*, March 12, 2019, Vol.37, No.11.

82　Ibid.

83　西脇修『米中対立下における国際通商秩序』文眞堂，2022年，185-205頁。

84　『日本経済新聞』，2022年10月19日電子版。

85　Georgie Juszczyk, "Legitimacy Crisis at the World Trade Organisation Appellate Body", J. Baumler et al. (eds.), *European Yearbook of International Economic Law 2021*, April 2022.

86　Matsushita, op. cit., pp.50-51.

87　西脇修「WTOの危機：『上級委員会問題』の本質と解決の方向性」政策研究大学院大学政策研究院『政策分析の焦点19-3』2019年12月，3頁。https://www.grips.ac.jp/cms/wp-content/uploads/2020/11/PAF-19-3-WTO-Appellate-Body-Crisis-jp.pdf

88　Wolff, op. cit., p.21.

89　『日本経済新聞』，2022年10月19日電子版，前掲。

[主要参考文献]
【日本語文献】
アイケンベリー，G・ジョン『リベラルな秩序か帝国か　アメリカと世界政治の行方』細谷雄一監訳，勁草書房，2012年

赤根谷達雄『日本のガット加入問題　《レジーム理論》の分析視角による事例研究』東京大学出版会，1992年

池田美智子『ガットからWTOへ　貿易摩擦の現代史』ちくま書房，1996年

川瀬剛志「WTO紛争解決手続の履行問題　一手続上の原因と改善のための提言」RIETI Discussion Paper Series 06-J-023，経済産業研究所，2005年

川島富士雄　「中国による補助金供与の特徴と実務的課題　―米中間紛争を素材に―」RIETI Discussion Paper Series 11-J-067，経済産業研究所，2011年

木村福成・西脇修編著『国際通商秩序の地殻変動』勁草書房，2022年

経済産業省『通商白書』2018年版

経済産業省通商政策局編『不公正貿易報告書』2022年版

コヘイン，ロバート・O『覇権後の国際政治経済学』石黒馨・小林誠訳，晃洋書房，1998年

コヘイン，ロバート・O，ジョセフ・S・ナイ『パワーと相互依存』瀧田賢治監訳／訳，ミネルヴァ書房，2012年

佐々木隆雄『アメリカの通商政策』岩波新書，1997年

鈴木基史『国際関係』社会科学の理論とモデル2，東京大学出版会，2000年

関辰一『中国　経済成長の罠　金融危機とバランスシート不況』日本経済新聞社，2018年

ソリス，ミレヤ「追随からの脱却：自由貿易秩序の先導者」船橋洋一・G・ジョン・アイケンベリー編著『自由主義の危機　国際秩序と日本』東洋経済新報社，2020 年。

田中明彦『新しい中世』講談社学術文庫，1996 年

中国 WTO 加盟に関する日本交渉チーム『中国の WTO 加盟　交渉経緯と加盟文書の解説』蒼蒼社，2002 年

津久井茂充『ガットの全貌〈コンメンタール・ガット〉』日本関税協会，1993 年

内閣府『世界経済の潮流　2018 年 II』2018 年　https://www5.cao.go.jp/j-j/sekai_chouryuu/sa18-02/pdf/s2-18-1-1.pdf

中川淳司『WTO　貿易自由化を超えて』岩波新書，2013 年

西脇修「WTO 上級委員会問題について」『国際商事法務』Vol.48, No.1, 2020

西脇修『米中対立下における国際通商秩序』文眞堂，2022 年

船橋洋一，G・ジョン・アイケンベリー編著『自由主義の危機　国際秩序と日本』東洋経済新報社，2020 年

宮岡邦生「WTO 上級委員会問題の本質」木村福成・西脇修編著『国際通商秩序の地殻変動』勁草書房，2022 年

山田高敬・大矢根聡編『グローバル社会の国際関係論（新版）』有斐閣，2011 年

山本吉宣『国際レジームとガバナンス』有斐閣，2008 年

渡邊頼純『国際貿易の政治的構造　GATT・WTO 体制と日本』北樹出版，2007 年

【英語文献】

Bown, Chad P. and Irwin, Douglas A., "Trump's Assault on the Global Trading System", *Foreign Affairs*, September/October 2019, Volume 98, Number 5

Bown, Chad P. and Keynes, Soumaya, "Why Trump Shot the Sheriffs: The End of WTO Dispute Settlement 1.0", *Working Paper 20-4*, Peterson Institute for International Economics, March 2020

European Commission, Press Release, "EU and 15 World Trade Organization members establish contingency appeal arrangement for trade disputes", 27 March, 2020.

Gilpin, Robert. *War and Change in World Politics*, Cambridge: Cambridge University Press, 1981.

Gruber, Lloyd. *Ruling the World: Power Politics and the Rise of Supranational Institutions*, Princeton: Princeton University Press, 2000.

Juszczyk, Georgie, "Legitimacy Crisis at the World Trade Organisation Appellate Body", J. Baumler et al. (eds.), *European Yearbook of International Economic Law 2021*, April 2022

Krasner, Stephen D. "State Power and the Structure of International Trade", *World Politics*, no.28, April, 1976.

Krasner, Stephen D. "Regimes and the limits of realism", *International Regimes*, edited by Stephen D. Krasner, Ithaca: Cornell University Press, 1983.

Levy, Philip. "Was Letting China Into the WTO a Mistake?" *Foreign Affairs*, April 2, 2018.

Lipcy, Philip Y. *Renegotiating the World Order: Institutional Change in International Relations*, Cambridge: Cambridge University Press, 2017.

Lipson, Charles. "The transformation of trade: the sources and effects of regime change", *International Regimes*, edited by Stephen D. Krasner, (Ithaca, Cornell University Press, 1983)

Marceau, Gabrielle ed., *A History of Law and Lawyers in the GATT/WTO*, Cambridge University Press, 201

Marceau, Gabrielle, Porges, Amelia and Ari Baker, Daniel 'Introduction and Overview', Gabrielle Marceau ed., *A History of Law and Lawyers in the GATT/WTO*, Cambridge University Press,

2015

Matsushita, Mitsuo, "Reforming the Appellate Body", Lo et al., *The Appellate Body of the WTO and Its Reform*, Springer, 2020

Roessler, Frieder, "The Role of Law in International Trade Relations", Gabrielle Marceau ed., *A History of Law and Lawyers in the GATT/WTO*, Cambridge University Press, 2015

Schwab, Susan C. "After Doha, Why the Negotiations Are Doomed and What We Should Do About it." *Foreign Affairs*, May/June 2011.

Stewart, Terrence P., editor, *The GATT Uruguay Round, A Negotiating History (1986-1992)*, Kluwer Law and Taxation Publishers, 1993

U.S. the White House, Press Release, "Joint Statement of the United States and China Regarding Trade Consultations", May 19, 2018,

United States Department of Commerce, "A-570-053 Investigation Public Document E&C VI: MJH/TB", October 26, 2017.

United States Trade Representative, *2016 Report to Congress On China's WTO Compliance*, January 2017.

United States Trade Representative, *2017 Report to Congress On China's WTO Compliance*, January 2018.

United States Trade Representative, *The President's 2018 Trade Policy Agenda*, 2018

United States Trade Representative, Press Release, "Under Section 301 Action, USTR Releases Proposed Tariff List on Chinese Products", April 03 2018.

Vangrasstek, Craig, *Trade and American Leadership*, Cambridge University Press, 2019

Wolff, Alan Wm., "Restoring Binding Dispute Settlement", *Working Paper 22-5 WTO 2025*, PIIE, 2022

WTO, *Report of the Working Party on the Accession of China*（WT/ACC/CHN/49）, Geneva: WTO, 2001

WTO, "United States – Laws, Regulations and Methodological for Calculating Dumping Margins（"Zeroing"）Communication from the United States", WT/DS294/16, 17 May 2006.

WTO, *United States – Definitive Anti-Dumping and Countervailing Duties on Certain Products from China*, Appellate Body Report, WT/DS379/R, 11, March 2011.

WTO, Dispute Settlement Body, Minutes of Meeting, 25 January 2017, WT/DSB/M391.

WTO, Dispute Settlement Body, Minutes of Meeting, 20 February 2017, WT/DSB/M392.

WTO, Dispute Settlement Body, Minutes of Meeting, 21 March 2017, WT/DSB/M394.

WTO, Dispute Settlement Body, Minutes of Meeting, 19 April 2017, WT/DSB/M396.

WTO, Dispute Settlement Body, Minutes of Meeting, 22 May 2017, WT/DSB/M397.

WTO, Dispute Settlement Body, Minutes of Meeting, 19 June 2017, WT/DSB/M398.

WTO, Dispute Settlement Body, Minutes of Meeting, 20 July 2017, WT/DSB/M399.

WTO, Dispute Settlement Body, Minutes of Meeting, 31 August 2017, WT/DSB/M400.

Wu, Mark. "The "China, Inc." Challenge to Global Trade Governance", *Harvard International Law Journal*, Volume 57, Number 2, Spring 2016.

【新聞・機関誌等】

『日本経済新聞』

Financial Times, Inside U.S. Trade

第3章

対ロシア経済制裁とロシアの対抗措置[1]

はじめに

　2022年2月24日早朝（日本時間同日正午頃），ロシアのウラジミール・プーチン大統領は国民向けの演説を行い，「ドンバスの人民共和国はロシアに助けを求めてきた。これを受け，国連憲章第7章51条と，ロシア安全保障会議の承認に基づき，また，同年2月22日に連邦議会が批准した，ドネック人民共和国とルガンスク人民共和国との友好および協力に関する条約を履行するため，特別な軍事作戦を実施する決定を下した」として，ウクライナに対する特別軍事作戦の開始を宣言した[2]。その後，ロシアによるウクライナへの軍事侵攻が始まり，これに対抗すべく，日米欧を始めとする各国がロシアに対してさまざまな経済制裁措置を導入し，それらが現在に至るまで継続しているところである。

　本稿は，ロシアによるウクライナ侵攻を巡る一連の出来事について何らかの評価を加えることを目的としたものではなく，ロシアによるウクライナ侵攻を契機とした主要国による対ロシア経済制裁とそれに対するロシアの対抗措置を概観し，それらについて法的な側面から分析を行うことを目的としたものである。紙幅の都合上，すべての経済制裁措置について詳細を述べることはできないが，主要な措置を概観することで，経済制裁の法的枠組みとその外延を明らかにすることとしたい。

第1節　ロシアのウクライナ侵攻と国際法

1. 武力行使の正当性（*jus ad bellum*）

　ロシアによるウクライナ侵攻の国際法上の合法性については，「戦争に訴えることの是非」を意味する「武力行使の正当性（*jus ad bellum*）」の問題と，「交戦国間の戦闘の方法」を巡る「武力行使の態様（*jus in bello*）」の問題とに分けて考える必要がある。

　まず，「武力行使の正当性」の問題については，国連憲章2条4項が，「すべての加盟国は，その国際関係において，武力による威嚇または武力の行使を，いかなる国の領土保全または政治的独立に対するものも，また，国際連合の目的と両立しない他のいかなる方法によるものも慎まなければならない」として「武力行使禁止原則」を定めており，ロシアによるウクライナ領内における特別軍事作戦は同原則に違反するものと評価する国が多数である。現に，2022年2月25日に提出され，ロシアの拒否権行使により否決された，ロシアによる侵略は国連憲章2条4項の定める武力行使禁止原則に違反すること，およびロシアはウクライナに対する武力行使を即時に停止し，すべての軍隊を即時，完全，無条件に撤退させること，等を内容とする国連安全保障理事会決議案（S/2022/155）は，安保理の常任・非常任理事国15カ国のうち11カ国が賛成していた（棄権は3カ国（中国，インド，UAE））。その後，3月2日に国連緊急特別総会が開催され，上記を含む16項目からなる「ウクライナに対する侵略」決議（A/RES/ES-11/1）を，賛成141カ国，棄権35カ国，反対5カ国（ロシア，ベラルーシ，北朝鮮等）で可決した。なお，同決議においては，ロシアによる特別軍事作戦が「侵略」（侵略の定義に関する決議第1条）であるとの評価もなされている。

　一方，ロシア自身は，自らの特別軍事作戦について，前述のように国連憲章第51条を根拠とする旨を述べている[3]。これは，2022年2月21日にロシアが国家承認を行った「ドネツク人民共和国」および「ルハンスク人民共和国」からの要請を受け，同日に併せて署名されたロシア軍に軍事基地等の建設・使用

の権利を与える「友好協力相互支援協定」に従って集団的自衛権を行使したという論理であるが（坂本 2022），ロシアは「キーウ政府により 8 年間虐待とジェノサイドに晒されてきた人々を守るため」と述べるのみで，具体的にウクライナのいつ，如何なる行為が同条の「武力攻撃」を構成すると考えているのかを説明して（出来て）おらず，国連憲章の定める自衛権発動の要件は充たされていなかった可能性が高い。仮に国連憲章第 51 条によって正当化されない場合には，ロシアによるウクライナに対する特別軍事作戦は，国連憲章第 2 条 4 項に反する違法なものと評価されることとなる。

2. 武力行使の態様 (*jus in bello*)

　次に，ロシアによる「武力行使の態様」の国際法上の合法性[4] については，例えば，ロシアによる，① サポリージャ原発への攻撃（ジュネーヴ諸条約第一追加議定書 56 条 1 項（危険な力を内蔵する工作物および施設の保護）への違反），② 非軍事目標（病院等）への攻撃（同 12 条 1 項（医療組織の保護），48 条（民用物と軍事目標との区別の基本原則）等への違反），③ クラスター弾／焼夷弾・白リン弾等の使用（同 35 条 2 項（過度の傷害または無用の苦痛を与える兵器等の使用禁止）等への違反），④ ウクライナ国旗の使用（ハーグ陸戦条約附属書 23 条（軍旗，国旗等を偽ることの禁止）への違反），⑤ ブチャ等における一般市民の集団虐殺（第一追加議定書 51 条（文民たる住民の保護，無差別攻撃の禁止）等への違反），といったさまざまな戦闘時の行動が，ジュネーブ諸条約を始めとする国際法に違反する可能性が指摘されている（濱本 2022a）。加えて，今後，ウクライナ軍によるロシアの侵攻地域への反抗が激化することに伴い，ロシアがウクライナにおける自らの占領地域に対するウクライナ軍の攻撃を自国への攻撃とみなし，ウクライナへの反撃のために核兵器等の大量破壊兵器を使用する恐れも懸念されている。この点，ロシアは 2017 年に発効した核兵器禁止条約の締約国ではなく，また 1996 年に国際司法裁判所は，核兵器による威嚇または使用それ自体を包括的かつ普遍的に禁止する条約または慣習国際法は存在せず，「核兵器の使用が合法か違法かについて確定的に結論することはできない」と述べていることから（ICJ 1996, para.

105（2）B および E），使用時の具体的状況を精査しない限り，ロシアによる核兵器使用が直ちに国際法違反になるとまで言うことはできない点に留意が必要である[5]。ただし，ロシアは，化学兵器禁止条約（CWC）および生物兵器禁止条約（BWC）の締約国であるため，占領地域を守るために両条約で定められた生物・化学兵器が使用された場合には，国際法違反となるものと考えられる。

3.　経済制裁と国際法

　紛争当事国以外により課される経済制裁措置は，国際法上は「第三国による対抗措置」と位置づけられ，その合法性については見解が分かれているが，少なくとも，ある国による国際法上の対世的義務の違反があった場合には，第三国による経済制裁措置も国際法上合法と評価されうるものと考えられる（岩沢 2020, p. 606）（国家責任条文草案第 48 条参照）。また，仮に対世的義務の違反が存在しなかった，あるいは存在したか否かが判然としない場合においても，国連憲章第 25 条により全国連加盟国に対し法的拘束力を有する国連安全保障理事会の決議に基づいて経済制裁措置が発動された場合には，国際法上の違法性の問題は生じないものと考えられる（中谷 2021）。また，国連憲章第 51 条が各国に集団的自衛権の行使を許容している以上，集団的自衛権行使の一環として経済制裁措置を課した場合に違法の問題が生じないことも当然である。問題は，対世的義務の違反が存在しない，あるいはその存在が立証できないケースにおいて，国連安保理決議に基づかずに第三国が経済制裁措置を課した場合の合法性であるが，この場合においては，通常の対抗措置の 3 要件（相手国の国際義務違反，手続的要件，均衡性）を充たす限りにおいて，国際法上の違法性が阻却されることになる可能性が高い（同上）（国家責任条文草案第 22 条，第 49 条，第 51-52 条参照）。

　この点，今回のロシアによるウクライナ侵攻に関する国連安保理決議がロシアの拒否権行使により否決されたことは前述の通りであるが，それにより直ちに日米欧による対ロシア経済制裁が国際法上違法と評価されるわけではないことは上述の通りである。日米欧はウクライナと同盟関係にあるわけではない

が，仮にロシアに「対世的義務」の違反があれば第三国による経済制裁措置の違法性が阻却され得るところ，「バルセロナ・トラクション会社事件 ICJ 判決」は，傍論ではあるものの，対世的義務の例として，「侵略行為」および「集団殺害」を挙げている[6]。国際法上，何が「侵略（aggression）」に当たるか否かについては，1974 年の国連総会決議である「侵略の定義に関する決議」が「国家による他の国家の主権，領土保全若しくは政治的独立に対する，または国際連合の憲章と両立しないその他の方法による武力の行使」と定義しており（第 1 条），「一国の軍隊による他国の領域に対する侵入，かかる侵入若しくは攻撃の結果もたらされる軍事占領，または武力の行使による他国の全部若しくは一部の併合」等が例示として挙げられているところ（第 3 条（a）），ロシアによる武力行使が国連憲章第 51 条の定める自衛権行使の要件を充たしていなかった恐れが強いことは前述の通りであり，したがって，ロシアによるウクライナ侵攻は「侵略行為」と評価される可能性が高い。また，現時点で詳細な事実関係は不明であるものの，ロシアが軍事占領した地域（ブチャやマウリポリ等）において一般市民の虐殺が行われていた旨の報道も多く，ロシアの「集団殺害」行為による対世的義務違反が認定される可能性も高い。そうすると，日米欧による今回の経済制裁措置が国際法合法と評価される可能性は十分にあるものと考えられる。

　なお，国際法上，「中立国」とされるためには，① 避止（abstention）義務，② 防止（prevention）義務，③ 黙認（acquiescence）義務，を果たすことが一般に必要とされているが（岩沢 2020, p. 761），軍事物資の供与等を伴わない純粋な経済制裁措置は上記の義務に違反するものでなく，経済制裁措置そのものは国際法上の国家の中立性を損なうものではない[7]。

第 2 節　米国による対ロシア制裁

1.　米国の経済制裁の基本的枠組み

　通常，経済制裁は，大きく，制裁対象国への送金制限や制裁対象者の資産凍

結等の金融関連の制裁と，制裁対象国に対する製品・技術の輸出または提供の
禁止等の輸出入関連の制裁とに大別される。米国においては，前者は財務省国
外資産管理局（OFAC）によって実施され，後者は主に商務省産業安全保障局
（BIS）によって実施される。

　そもそも米国憲法上，外国との通商に係る権限は議会に与えられており（第
1編第8節第3項），議会による明示的な授権がない限り，行政府は経済制裁
を定める行政命令（大統領令や行政規則等）を発出することができないのが原
則である[8]。その上で，実際のところは，経済制裁は迅速性の観点から個別の
大統領令または行政規則によって詳細が定められており，上記の憲法上の制約
を受け，経済制裁の根拠となる法律として当該制裁対象国に関する個別法が定
められたり，1976年国家緊急事態法（NEA）および1977年国際緊急経済権限
法（IEEPA）が用いられている。この点，ウクライナに関する対ロシア制裁
に係る個別法としては，2014年ウクライナの主権・統一・民主主義・経済安
定法（SSIDES），2014年ウクライナ自由支援法（UFSA），2017年対敵制裁法
（CAATSA），2019年欧州エネルギー安全保障法（PEESA）等が定められて
いる[9]。

　米国における経済制裁の特徴として，1次制裁（primary sanctions）と2次
制裁（secondary sanctions）の区別が極めて重要である。前者は米国法の管轄
に服する者に対する制裁法上の義務違反に対する法的制裁を指し[10]，後者は米
国法の管轄に服さない者に対して課され得る潜在的な不利益を意味する[11]。2
次制裁は，その定義上，米国民ではない外国人に対して課されることとなり，
第三国の個人・企業等が制裁対象とされている個人・企業と取引を行った場合
等には，最も深刻なケースでは当該第三国民自身が後述のSDNリストに掲載
され，米国系銀行の銀行口座を含む米国資産が凍結されたり，米国民との取引
が禁止されたりする可能性があるほか，米国への入国禁止や米国政府の調達プ
ロセスからの排除といった，さまざまな不利益措置が課される可能性がある。

　米国の経済制裁に係るもうひとつの特徴として，近年，個別法に基づき，制
裁対象国の個人・企業等との取引等を包括的に禁止するのではなく，制裁対象
の個人・企業・機関を個別に特定し，米国民に対してそれらの制裁対象者との
取引等を禁止する，「スマート制裁」の法的枠組みが取られることが増えてい

る点が挙げられる[12]。そして，こうしたスマート制裁の手段として最も頻繁に活用されるものとして，「SDN リスト（Specially Designated Nationals and Blocked Persons List）」が存在する。これは OFAC が維持・管理する制裁対象者リストのひとつであり，同リストに掲載された場合，① 当該掲載者の米国内資産，および米国民（米国系銀行等）が米国外で保有する資産の凍結，② 資金の受領や支払いを含む米国民との一切の取引禁止，③ 当該掲載者が自然人の場合には，米国への入国禁止や査証取得の制限，といった不利益が課されることになる。また，リスト掲載者に 50％以上の持分を直接・間接に保有される企業等との取引は，当該企業等がリストに明示的に掲載されていなくても同様の制約が課される（50％ルール）（Department of Treasury 2014）。これらの義務に違反して制裁対象者と取引等を行った米国人等には，100 万ドル以下の罰金または 20 年以下の懲役あるいはそれらの併科といった刑事罰や，違反毎に 25 万ドルまたは取引額の 2 倍以下のいずれか大きい額を超えない制裁金といった民事罰が科される可能性がある[13]。

2.　今回の対ロシア制裁

　2022 年 2 月以前の米国の対ロシア制裁は，2014 年のクリミア侵攻を受け，大統領令 13662 号等に基づくセクター別制裁が限定的に課されるに留まっていた。具体的には，金融サービス，エネルギー，国防・武器関連の 3 つの部門において，セクター別の SSI リスト（Sectoral Sanctions Identifications List）に掲載された者との間で，米国民等による一定期間以上の返済期間を超える債務に係る取引（融資等）や，新規の株式引き受け等が禁止されていた[14]。

　一方，同年 2 月以降は，2021 年 4 月 15 日付の大統領令 14024 号に基づき，金融面では，2022 年 2 月 22 日のロシア開発・対外経済活動銀行（VEB）および PSB 銀行等の SDN リストへの追加を皮切りに，現在までに多くのロシア企業・金融機関等が SDN リストに追加され，実質的にドル取引から排除された[15]。また，2022 年 3 月 8 日付の大統領令 14066 号により，米国民によるエネルギー部門への新規投資が禁止され，その後，2022 年 4 月 6 日付の大統領令 14071 号によってロシアへの新規投資全般の禁止へと拡大された。

　また，輸出入面では，2月24日の一定の汎用品の輸出管理品目への追加とロシア向けライセンス発給の原則拒否方針の公表，および複数の企業・機関等の「エンティティリスト[16]」への追加以降，これまで原則として輸出可能であった非軍事関連品目を含め，広範な製品・技術のロシアへの輸出・再輸出が事実上禁止されることとなった。加えて，2022年3月8日付の大統領令14066号により，ロシアからの原油，天然ガス，石炭等の輸入が禁止されるとともに，2022年3月11日付の大統領令14068号により，ロシアからの海産物，アルコール類，宝石等の輸入も禁止され，ロシアの主要輸出品目の米国への輸入もできなくなった。さらに，2022年12月2日に，ロシア産原油の購入価格の上限等に関するG7合意が成立したことを受け（G7 2022），同年12月5日付で，上記上限価格を超えるロシア産原油の海上輸送に関連するサービスの提供（貿易仲介，金融，海運，保険，通関等のサービス）を禁止する旨の決定が出された。また，2022年11月9日付で，米国がアンチダンピング課税措置を講じる際の「ダンピング・マージン」を計算するに当たり，対象国の国内価格と輸出品価格とを比較するのではなく，経済状況が似た第三国の国内価格と輸出品価格とを比較することでより高いアンチダンピング税率を算出することを容易にする[17]，ロシアの「市場経済国地位」の取消しもなされた。

　上記一連の措置は，包括的な禁輸措置（エンバーゴ）が課されている対キューバ制裁に次ぐ，あるいは同制裁と実質的に同等の効果を有する，これまでにない規模の大国に対する経済制裁措置であると評価し得るものと考えられる。

3.　日本企業等が気を付けるべきポイントの例

　1で述べたように，米国における経済制裁の法的枠組みにおいては，米国の管轄権に服さない者に対しても2次制裁による不利益が課され得ることから，日本企業がロシア関連の取引を行うに当たっては，米国制裁への抵触可能性にも十分留意する必要がある。日本企業が特に気を付けるべきポイントの例として，ここでは次の3点を指摘したい。

　第1に，「50％ルール」の適用である。前述のように，SDNリストへの掲載

に伴う取引禁止等の義務は，当該掲載者との取引のみならず，当該掲載者によって直接・間接に50％以上の持分を保有される者との取引においても適用される。そのため，ロシア企業等と取引を行う前には，当該ロシア企業等がSDNリスト等に掲載されていないかどうかの確認に加え，それらの企業等の株主などがSDNリスト等に掲載されていないかを確認することも必要となる。

　第2に，「ドル取引」に係る米国民の関与である。ドル通貨建ての取引それ自体が米国の管轄権拡張をもたらすわけではないものの，当該取引に伴うドル建ての支払・送金等の過程においては，中継銀行等の形で米国系金融機関が関与する可能性がある[18]。通常は当該米国系金融機関によってドル建ての送金等が拒絶されるケースが多いものの，万が一取引が成立してしまった場合には，「米国民に制裁違反を生じさせた（cause）」として，当該送金等を依頼した日本企業にも制裁違反の責任が生じるリスクがある。

　第3に，米国原産品目を25％以上組み込んだ品目や米国原産の技術またはソフトウェアの直接製品[19]の日本等からの再輸出にも，米国輸出管理規制が適用される点である。そのため，米国製の部品・技術等が用いられている自社製品を日本または第三国からロシア向けに輸出・再輸出等する場合には，日本および輸出国の制裁措置ないしは輸出管理規制を確認するのみならず，米国の制裁措置にも留意する必要がある。

第3節　EU ／英国による対ロシア制裁

1. EU の経済制裁の基本的枠組み

　EUにおいては，首脳級の欧州理事会（European Council）が定める目標（EU条約第22条1項および第26条1項）に基づき，理事会（Council of the European Union）が共通外交・安全保障政策（CFSP）を策定し，その実施に必要な決定を行うことを通じて（同第26条2項），米国と同様に，制裁対象者の資産凍結や渡航制限，制裁対象国への禁輸措置といった各種経済制裁措置を

講じている。今般の対ロシア制裁に関しては，資産凍結および取引禁止がEU規則269/2014，輸出管理を始めとする各種行為規制がEU規則833/2014において，それぞれ定められている。

　EU制裁についてまず押さえておくべき点は，米国の経済制裁とは異なり，EUには2次制裁の枠組みが存在せず，あくまでEUの管轄に服する者に対してのみ，制裁法上の義務が課され得る点である。具体的には，①EU領域内に存在する者，②EU加盟国の管轄に服する飛行機・船舶に搭乗・乗船している者，③EU加盟国民（国外にいるケースを含む），④EU加盟国の法に基づき設立された法人（外国企業の欧州子会社を含む），⑤全部または一部の事業をEU領域内で行っている法人，が制裁法上の義務に服する（例えば，EU規則833/2014第13条を参照）。

　また，もうひとつ重要な点として，資産凍結および取引禁止の対象となる資産の範囲が米国の経済制裁と比較して広く，米国においては，前述のように，SDNリストに掲載された者および当該掲載者が直接・間接に50％以上の持分を保有する企業等の資産が凍結されるのに対して，EUにおいては，EUの制裁リスト[20]に掲載された者が所有する資産，および当該掲載者が50％以上を保有するまたはコントロールする企業等の資産が凍結される（例えば，EU規則269/2014第2条1項を参照）。この「コントロール」の有無は事実関係に照らしてケースバイケースで判断され，例えば，リスト掲載者が，①法人の過半数の役員・取締役を任免する権限を有する場合，②当該法人に支配的影響を及ぼすことができる場合，③当該法人の全部または一部の資産を活用することができる場合，④当該法人の金融債務を連帯して負う場合等に，原則として当該法人はリスト掲載者にコントロールされていると判断されることとなる（Foreign Relations Counsellors Working Party 2018, paras. 63-64）。

2. 英国の経済制裁の基本的枠組み

　英国は2020年2月までEUに加盟していたことから，EUと類似した制裁法の枠組みを有しており，2018年制裁・反資金洗浄法に基づき，制裁国毎に個別規則を定める形で経済制裁を実施している。今回の対ロシア制裁について

は，2019 年ロシア制裁規則において詳細が規定されている。

　英国制裁が重要な理由は，英国の海外領土には多くのグローバル企業および
その子会社等が登記上の本社を有するケイマン諸島やバージン諸島等が含まれ
ており，それらの海外領土にも英国制裁の大半の規定が適用されるとともに[21]，各海外領土の当局に英国制裁を実施する義務が課されているためである。
したがって，英国および英国の海外領土において設立された法人については，
英国の制裁法に留意する必要がある。

3.　EU の今回の対ロシア制裁

　EU においては，2022 年 2 月 23 日以降，同年 12 月 16 日時点までに第 1 弾
から第 9 弾の制裁パッケージが公表・施行されている。内容面では，制裁対象
者の資産凍結やそれらの者との取引禁止，汎用品を含めたさまざまな品目の輸
出入の禁止といったように，米国の経済制裁と類似したメニューが課されてい
るが，全体的な特徴として，EU の方が行為規制が細かく，例えば，ロシアと
の貿易・投資全般に係る各種金融支援（EU 規則 833/2014 第 2e 条）や個別分
野の技術的支援（例えば，同第 2 条 2 項 (a)），あるいはロシア直接投資基金
（RDIF）との共同出資（同第 2e 条 3 項）など，広範な行為が禁止されている。
特にこの「技術的支援」の潜在的な適用範囲は広く，米国において制裁対象と
ならない行為であるからと言って，EU においても制裁対象とはならないと安
易に推察することは出来ない。一方，現時点では，米国において既に禁止され
ている 1 バレル当たり $60 以下の原油および天然ガスの輸入や，エネルギー以
外の分野における新規の対外直接投資[22]が EU では禁止されておらず，EU 制
裁の方が緩いと言いうる部分もある。

　また，今般の EU の対ロシア制裁において重要と考えられるものとして，ロ
シア最大手のズベルバンクや同第 2 位の VTB 銀行などの 10 のロシアの金融
機関を SWIFT 網から排除したことが挙げられる（EU 規則 833/2014 第 5h
条）。SWIFT は国際金融取引を仲介するメッセージサービス等を提供する機
関であり，ベルギー法上の協同組合として設立されているため，EU 法とベル
ギー法の規律の下に服している。SWIFT 網から排除されてしまうと事実上国

際金融取引から排除されてしまうことから，これまで2012年に対イラン制裁で1度行われた以外に（EU規則267/2012第23条4項），SWIFT網から排除された金融機関は存在しなかった。しかしながら，今回EUは，事態の重要性に鑑み，本年3月2日にロシアの7金融機関のSWIFT網からの排除を決定し，同月12日より実施するとともに，2022年6月14日には，追加で3金融機関を指定している。

4.　日本企業等が気を付けるべきポイントの例

　今般のEUおよび英国による対ロシア制裁はこれまでにない規模と速度で実施されており，日本企業が特に気を付けるべきポイントの例として，次の3点を指摘しておきたい。

　第1に，前述のようにEU／英国制裁は域外適用がなされないものの，取引の一部のみがEU領域内または英国内で行われている場合にも制裁法が適用され得るため，各種の打ち合わせを含め，取引過程の一切についてEUまたは英国の管轄下で実施されていないかを事前に確認する必要がある。

　第2に，前述のようにEU／英国制裁における資産凍結および取引禁止の対象となる資産の範囲は米国制裁よりも広範であるため，単にリスト掲載者が取引先企業の持分の50％以上を保有していないことを確認するのみならず，取引先企業を実質的にコントロールしていないかという実態についても確認する必要がある。

　第3に，ケイマン諸島やバージン諸島といった英国の海外領土において設立された企業と取引を行う際には，英国の制裁法も確認する必要がある。英国制裁はEU制裁と類似しているものの，英国のEU離脱以降は独自の法体系を有することとなったため，EUにおいて禁止されていない行為であるからと言って英国においても禁止されていないと考えることはできず，別途確認を行う必要がある点に留意が必要である。

第4節　日本による対ロシア制裁

1.　日本の経済制裁の基本的枠組み

　日本においては，外国為替及び外国貿易法（以下「外為法」という）に基づき，各種の資産凍結や資本取引，輸出入等の禁止措置などの経済制裁が講じられている。日本単独で制裁を課すためには，「我が国の平和及び安全の維持のため特に必要があるとき」という要件を充たした上で，対応措置を講じる旨の閣議決定を経る必要があり（外為法10条1項参照），日本の安全保障が脅かされる事態が生じている必要があることから，法的なハードルが高くなる。一方，我が国の安全保障に直接的な脅威が存在するとまでは言えない場合においても，国連安保理決議がある場合，または国際社会と協調して経済制裁を課す必要性があると認められる場合等には，「国際平和のための国際的な努力に我が国として寄与する」（同法16条1項，21条1項，25条6項，48条3項，52条）ために経済制裁を講じることが可能である[23]。ただし，支払等や資本取引，役務取引に係る措置（財務省により実施されている措置）については，「居住者」「非居住者」という概念枠組みを用いて立案されているため，具体的な適用範囲が米欧と異なる可能性に留意する必要がある。

　具体的な措置としては，主に，日本から制裁対象国に向けた支払等や日本の居住者と制裁対象国の非居住者との間における金銭貸借契約および各種証券取引等の資本取引に対する許可制（実質的な資産凍結措置）が財務省により実施されるとともに（同法16条1項・3項および21条1項），制裁対象国との間における各種品目の輸出入および技術提供の承認制（事実上の禁輸）が経済産業省により実施され（同法25条6項，48条3項，52条），法制上は米欧と遜色のない経済制裁措置を講じることが可能となっている。

2.　日本の対ロシア制裁

　まず，財務省が実施する経済制裁措置は，2022年2月26日以降，その都度

事前に閣議了解を経た上で，外務省告示において指定された特定のロシア連邦関係者およびベラルーシ共和国関係者に対し，資産凍結等の措置が講じられている。また，4月20日には，制裁対象者から第三者へ暗号資産を移転する取引等を「みなし資本取引」として許可対象に加える外為法の改正が行われ[24]，5月10日より施行された。さらに，5月12日より，ロシア連邦向けの新規の対外直接投資が許可制にされるとともに，9月5日以降に開始されるロシア連邦向けの信託サービス，会計・監査サービス，経営コンサルティング・サービスの提供にも許可が必要となった。また，12月5日より，他のG7諸国と足並みを合わせる形で，1バレル当たり60ドル（「上限価格」）を超えるロシア産原油等の購入に関連して居住者が非居住者に対して行う「海運サービス」，「通関サービス」，「金融サービス」，および「保険サービス」の提供に許可が必要となった。

　次に，経済産業省が実施する経済制裁措置としては，2022年3月18日，ワッセナーアレンジメント等の国際輸出管理レジームの対象品目に加え，半導体，コンピュータ，通信機器等の一般的な汎用品およびそれらに係る関連技術の一部が経済産業大臣の承認対象となり，事実上輸出等が禁止されることとなった。また，5月20日には，量子コンピュータ，3Dプリンター等およびそれらに係る関連技術といった先端的な物品等のロシア向け輸出等が承認対象にされるとともに，6月17日には，貨物自動車，ブルドーザー等のロシアの産業基盤強化に資する物品が輸出承認対象とされることとなった。輸入面においても，4月19日より，アルコール飲料，木材，機械類・電気機械のロシアからの輸入が経済産業大臣の輸入承認対象とされたほか，関税暫定措置法が改正され，2022年4月21日から2023年3月31日までの間，ロシアへのWTO協定税率の適用が撤回され，全ての輸入品について基本税率または暫定税率による関税が課されることとなった。さらに，前述の通り，2022年12月5日より，上限価格を超えるロシア産原油等の輸入およびロシアから第三国への仲介貿易取引に，経済産業大臣の許可が必要とされることとなった。

3.　日本企業等が気を付けるべきポイントの例

　今般の日本国政府による対ロシア制裁は，これまでにない対象品目や措置を含んでおり，ロシア関連のビジネスを行う日本企業が特に気を付けるべきポイントの例として，以下の3点を指摘しておきたい。

　第1に，自社の輸出品目が，これまで外為法上のリスト規制品目ではなかった場合においても，今般の輸出承認対象の品目として追加されていないかを予め十分に確認し，仮に対象品目に該当する可能性があると判断した場合には，それが輸出承認が得られる可能性のある日米欧の法人がすべての株式を有する法人向けの輸出でないかどうかや[25]，部分品特例（「輸出貿易管理令の運用について」1－1（7）（イ））の活用ができないか等を検討すべきである。なお，外務省告示によって指定されたロシアおよびベラルーシの特定団体（軍事関連団体）向けの輸出は，一部を除きすべての品目が輸出承認対象とされており（輸出貿易管理令2条1項1号の6および1号の7），取引先に特定団体が含まれていないかの確認も必要となる点に留意が必要である。

　第2に，2022年5月12日より許可が必要とされた「ロシア向けの新規の対外直接投資」の対象範囲である。外為法上，「対外直接投資」とは，居住者による出資比率が10％以上の外国法人（新たに株式または出資の持分を取得することにより出資比率が10％以上となる外国法人を含む）や居住者が役員を派遣していたり，長期にわたる原材料の供給または製品の売買等を行っている外国法人等の証券の取得または当該外国法人等に対する貸付期間が1年を超える金銭の貸付けと定義されており（外為法23条2項，外国為替令12条4項），これらに該当しない取引は，制裁対象者との間における資本取引に該当しない限り，許可対象とはならない。また，許可が必要となるのは「新規の」対外直接投資であることから，5月12日より前に締結された契約に基づく貸付等も許可対象とはならない。ただし，5月12日以降に既存の契約を改訂等した場合には許可対象となり得ることから，具体的な事実関係を十分に検討する必要がある。

　第3に，2022年9月5日より許可対象とされた役務取引の範囲である。仮に自社が提供しているサービスが財務省告示（平成十年三月大蔵省告示第百

号）8号イまたはロに掲げられた業務に該当しうる場合においても，それが契約関係に基づかず，かつ無償で提供される自社およびグループ会社間における役務の提供である場合には，当該取引は外為法上の「役務取引」に該当せず，制裁対象ともならない可能性がある。また，同告示7号イまたはロに掲げるロシア法人に対する役務の提供も対象とはならないが（8号柱書但書），自社が間接的に10％以上の株式を保有する孫会社等に対する役務提供は規制対象とされている点にも留意が必要である。

第5節　ロシアによる対抗措置

1. ロシアの対抗措置の概要

前節までにおいて述べた日米欧による各種経済制裁措置を受け，2022年2月末以降，ロシアは，2006年12月30日付の連邦法「特別経済措置及び強制措置について」等に基づき，各種大統領令[26]および下位規則を発出し，経済制裁の効果を減殺するためのさまざまな対抗措置を実施している[27]。現在も進行中の出来事であり，現時点で確定的な評価を行うことは難しいが，少なくとも，下記で述べる初期の頃に実施されたいくつかの措置は，日米欧に対する報復的効果を狙ったものと言うよりは，ロシア国外への資金（特に外貨）流出を防止し，ルーブルの下落を防ぐこと等を意図した防御的色彩が濃いものとなっている[28]。以下においては，日本企業等にとって関連が大きいものを中心に概要を説明したい。

(1) 大統領令79号（2022年2月28日付）

まず，2022年2月28日に，① ロシア居住者が対外貿易取引において獲得した外貨の80％を3営業日以内にルーブルに交換することの義務付け，② 居住者から非居住者への外貨の貸付の禁止，および，③ 居住者による自らの外国口座への送金（銀行口座を経由しない電子送金サービスを含む）の禁止，等を定める大統領令79号が発出された。これは外貨の国外流出とルーブルの下落

防止を狙った措置であるものと考えられるが，非友好国向けの天然ガス輸出のルーブル建てでの代金決済を義務付ける 2022 年 3 月 31 日付の大統領令 172 号などの効果もあり，同年 4 月以降，ウクライナ侵攻前よりもルーブル高となる水準で為替相場が推移していたことから，5 月 23 日付の大統領令 303 号により ① の比率が 50％ に引き下げられ，その後，6 月 9 日付大統領令 360 号により，状況に応じてロシア連邦外国投資実施状況監督政府委員会が定める金額の外貨を強制売却する義務に変更された。また，② および ③ は，下記（2）の大統領令 81 号により，一律の禁止からロシア連邦外国投資実施状況監督政府委員会による許可制に変更された。

(2)　大統領令 81 号（2022 年 3 月 1 日付）

　続いて，2022 年 3 月 1 日に，① ロシア居住者による「非友好国」の法人および自然人並びにそれらの者に支配されている法人および自然人（以下「非友好国民」という）との間におけるルーブル建て貸付の許可制，② ロシア居住者による非友好国民との間における有価証券および不動産取引の許可制，③ 米ドル換算で 1 万ドルを超える額の外貨持ち出しの禁止，等を定める大統領令 81 号が発出された。② の有価証券には株式や債券等が含まれ，また購入と売却の双方に適用される（Nikitina and Lapshin 2022）。また 10 月 15 日付大統領令 737 号第 5 項により，株式関連の取引については，非友好国民間，および非友好国民と非友好国民ではない者との間の取引にも適用されることとなり，適用範囲が拡大された。

　上記の「非友好国」の範囲については，2022 年 3 月 5 日付ロシア連邦政府指令第 430 号および 7 月 23 日付ロシア連邦政府指令第 430-r 号により，日本，米国，EU 加盟国，英国（バージン諸島やケイマン諸島等の海外領土を含む），スイス，カナダ，オーストラリア，ニュージーランド，韓国，台湾，シンガポール等が指定されている。

(3)　大統領令 95 号（2022 年 3 月 5 日付）

　2022 年 3 月 5 日には，ロシア政府やロシア居住者等が非友好国民に対して負う債務（ルーブル建て／外貨建てを問わない）の弁済について，一月当たり

1,000万ルーブルを超える額（約2,110万円）については，債権者の名義で債務者が開設する「タイプC」口座[29]にルーブル建てで弁済を行えば有効な債務の弁済とみなす大統領令95号が発出された。ロシア中央銀行（債務者が金融機関の場合）と財務省（債務者が金融機関以外の場合）には，この適用除外を認める権限が与えられている。この「タイプC」口座に弁済された資金の使途は大きく制約されており，2022年3月18日付ロシア中央銀行取締役会決定により，他の「タイプC」口座への送金，税金等の支払い，ロシア国債の購入等以外（例えば，引出しや「タイプC」口座以外への送金）には許可が必要とされている。

　ここで留意が必要なのは，ドルや円等の外貨建て債権について，そのルーブル建てでの弁済を認めることそれ自体は，国際法上必ずしも違法とは限らないことである。債務者が自国通貨での弁済を行う権利は一般に「代用給付権」と呼ばれており，日本においても民法第403条において認められているほか[30]，ドイツ民法第244条1項，1994年ユニドロワ（UNIDROIT）国際商事契約原則第6.1.9条などにおいても定められている。むしろ問題は，弁済された資金の使途が制約されていることであり，ロシア国外においては，「タイプC」口座への弁済が有効な弁済とは認められない可能性が極めて高いものと考えられる（久保田　2022, p. 1340）。

（4）大統領令254号（2022年5月4日付）

　2022年5月4日には，ロシア居住者による非友好国民の出資者に対する配当についても，同じく一月当たり1,000万ルーブルを超える額については，「タイプC」口座を介すること等を定める大統領令254号が発出された。

（5）大統領令520号（2022年8月5日付）

　2022年8月5日には，非友好国民との間で，ロシア政府の定める戦略的企業や資源・エネルギー・鉱物分野のロシア企業およびロシア金融機関の株式の設定，移転，変更，解除等を実施することを2022年12月末まで禁止することを定める大統領令520号が発出され，12月5日付の大統領令876号により，その禁止期間が2023年12月末まで延長された。株式等の取引が禁止される具

体的企業名は，10月26日付大統領令357-rp号（金融機関）および11月9日付大統領令372-rp号（資源・エネルギー分野の企業）において定められており，複数の日本企業を含む外国企業が主に指定されている。このことから，本大統領令が定める一連の禁止措置は，外国企業のロシアからの撤退を防ぐことを目的として講じられた可能性が高い。

(6) 大統領令618号（2022年9月8日付）

2022年9月8日には，ロシア居住者と非友好国民との間，非友好国民間，および非友好国民と非友好国民ではない者との間における，有限責任会社の持分の設定，移転，変更，解除等をロシア連邦外国投資実施状況監督政府委員会による許可制とすることを定める大統領令618号が発出された。

(7) 大統領令737号（2022年10月15日付）

2022年10月15日には，①非友好国民との間におけるロシアの金融機関や保険会社等の1%超の株式や持分の確定，変更または終了することにつながる取引の許可制，②居住者である法人の清算，破産等における配当金支払の「タイプC」口座への支払いの義務付け，③非友好国民間，および非友好国民と非友好国民ではない者との間の株式取引の許可制，等を定める大統領令737号が発出された。

(8) ロシア中央銀行特別決定（2022年9月29日付）

2022年9月29日には，非友好国民である非居住者による，あらゆる外国送金（ルーブル建ておよび外貨建て）を2023年3月末まで禁止するロシア中央銀行特別決定が発出された[31]。ただし，1万ドルまでの外国送金と，非友好国民である労働者が自身の給料相当額までの金額の外国送金を行うこと等は認められている。

2. 日本企業等が気を付けるべきポイントの例

1で述べたロシアによる一連の対抗措置につき，ロシア関連のビジネスを行

う日本企業が特に気を付けるべきポイントの例として，以下の3点を指摘しておきたい。

　第1に，大統領令81号および618号の適用範囲である。これらの大統領令は，非友好国民との間における株式・持分や不動産取引をロシア連邦外国投資実施状況監督政府委員会の許可制にかからしめるものであるが，当然のことながら，ロシア国外において，ロシア国民以外の者が，ロシア企業以外の株式・持分またはロシアに存在する不動産以外の不動産を取引することまで，許可対象となるものではない。そのため，検討に当たっては，ロシアの管轄権行使を正当ならしめる「法的つながり（nexus）」があるかどうかに十分留意すべきである。

　第2に，大統領令81号および618号の許可については，ケースバイケースで審査され，許可が発出された例も多く見られる点である。許可申請に当たっては，ロシア国またはロシア経済にとって利益をもたらす取引か否かが重要な要素として考慮されており，一般論としては，通常の株式譲渡，資産譲渡等の証券取引や不動産取引については，多くのケースで相手方のロシア企業等にとっても利益があると言えることが多い一方，外国企業によるロシアからの撤退に関する案件などは，ロシアに利益があるとの立証が難しくなる傾向にある。ただし，許可が得られた案件についても，一定の条件付（対価の減額や契約条件の変更等）で許可が出される例が見られる。

　第3に，大統領令95号および254号等の定める「タイプC」口座への支払いである。この「タイプC」口座への弁済等の免除申請は，通常債務者から行うべきものとされているが，仮に申請を行ったとしても，一般にロシアに利益があるとの立証は難しく，ロシアの債務者側に例外的に免除を認める事情が存在するか否かが鍵を握ることとなる。そのため，実務上は，「タイプC」口座の規制対象となること自体を避けるべく，可能な範囲で一月当たり1,000万ルーブルを超えることがないよう，債務の弁済額や配当金額等を調整することが多く行われており，企業等にはそうした工夫を行うことが推奨される[32]。

おわりに

　本章においては，ロシアによるウクライナ侵攻を契機とした日米欧の経済制裁措置とそれらに対するロシアの対抗措置の概要を説明するとともに，日本企業等にとって参考となり得る事項の例について解説を行った。本稿執筆時点においてはロシアによるウクライナ侵攻は長期化しており，またこれらの経済制裁措置が撤廃される条件も必ずしも明らかではないことから[33]，今後数年間から，場合によってはさらに長期間，ロシアに対する経済制裁措置等が課され続ける可能性もある。日本企業等は，こうした「新たな現実」を念頭に置いた上で，冷静に各国の経済制裁措置とロシアの対抗措置の詳細を分析し，それらを踏まえた経営判断や契約上の手当て等を適切に行っていく必要がある。本稿がその一助となれば幸いである。

[注]
1　本章は，2022年12月16日時点の情報に基づき執筆されたものである。本稿の内容は筆者個人の見解であり，筆者が所属する組織とは一切関係がない。
2　プーチン大統領の演説の日本語訳は，下記NHKウェブサイトを参照。https://www3.nhk.or.jp/news/html/20220304/k10013513641000.html
3　前述のプーチン大統領の演説を参照。
4　「武力行使の態様」については，当然のことながら，もう片方の当事者であるウクライナ側の行為も同様に問題となり得るが，現時点では十分な情報がないことから，ここでは割愛する。
5　大半のケースにおいては，ジュネーヴ諸条約第一追加議定書35条2項（過度の傷害または無用の苦痛を与える兵器等の使用禁止）等の違反を構成するものと考えられるが，仮説事例として，占領地域におけるロシア軍の部隊がウクライナ軍に完全に包囲され，投降を申し出ているにも関わらず認められずに攻撃が継続し，ロシア軍の部隊が全滅の危機に瀕しているといった特異な状況下において，当該危機を脱するため，極めて限定的に核兵器が使用された場合等には，必ず国際法上違法になるとまで言うことはできないものと考えられる。
6　*Barcelona Traction, Light and Power Company, Limited, Judgment, I.C.J. Reports 1970*, para. 34.
7　こうした観点から，今回のロシアによるウクライナ侵攻に当たっては，永世中立国のスイス等も，その地位を損なうことなく経済制裁措置を講じている。
8　この点に関するリーディングケースとして，*Youngstown Sheet & Tube Co. v. Sawyer, 343 U.S. 579 (1952)* を参照。
9　2022年2月以降に強化された対ロシア制裁の根拠法としては，NEA，IEEPAおよびPEESAの3つがOFACのホームページ上で挙げられている。
10　米国民（US persons）に加え，米国民以外の者（foreign persons）であっても，米国内に滞在す

る場合または米国内に財産ないし財産上の利益を有する場合等には，1次制裁が課され得る点に留意が必要である。

11　米国法の管轄が及ばない以上，厳密には法的義務は存在しないものの，仮に米国の制裁規範に違反した場合には，本文で述べるような各種の不利益措置が課され得ることから，外国人においても米国の経済制裁を遵守する強いインセンティブが生じることとなる（Meyer 2009）。

12　その背景として，制裁対象国に対して包括的に課される従来の制裁枠組みは，当該国の支配層よりも一般市民の生活に悪影響をもたらす効果が大きいという認識が高まった点も指摘されている（佐藤 2022, pp. 19-22）。

13　50 U.S.C. §1705 および 31 CFR §587.701 を参照。

14　指令1号（金融サービス部門）：返済期間14日を超える債務に関する取引（融資を含む）および新規株式引き受けの禁止
　　指令2号（エネルギー部門）：返済期間60日を超える債務に関する取引（融資を含む）の禁止
　　指令3号（国防および武器関連資材部門）：返済期間30日を超える債務に関する取引（融資を含む）の禁止
　　指令4号（エネルギー部門のうち，一定の原油生産部門）：原油生産の可能性のあるロシアの深海，北極海沖合，シェールプロジェクトでの生産等を支援する物品・サービス・技術提供の禁止

15　米国による本年2月以降の制裁措置を簡潔にまとめたものとして，CISTEC事務局 2022 も参照。

16　エンティティリストに掲載された場合，米国民または第三国民が，リストに掲載された品目（通常はEAR規制対象の全品目）をBISの許可なくリスト掲載企業に輸出・再輸出・（国内）移転することが禁止され，その際のBISによる許可方針も，「原則不許可（presumption of denial）」またはケースバイケースの判断となる。15 CFR §744.16 参照。なお，エンティティリストについては，SDNリストとは異なり「50％ルール」は存在しない点に注意。

17　第三国価格の使用それ自体はWTOのアンチ・ダンピング協定2.2条において認められており，米国はこれに基づき，1930年関税法において，アンチ・ダンピング課税の調査において代替価格を使用できる「非市場経済国」の認定を行っている（19 U.S.C. §1677b(C)）。

18　国際送金を行う場合にはもちろん，ロシア国内におけるドル送金においても米国系金融機関を経由するケースがあるため，留意が必要である。

19　今般の制裁により，従来，ファーウェイ向けにのみ適用されていた「拡大された直接製品ルール」が，一定の内容の修正を伴い，ロシア向けの再輸出に適用されることになった点にも留意が必要である。15 CFR §734.9 (f) および (g) 参照。

20　正式には，制裁対象国毎に個別のEU規則のAnnexに掲載されることとなるが，便宜上，これらをまとめた "Consolidated Financial Sanctions List" がEU当局によって作成されている。

21　今回のロシア制裁については，2018年制裁・反資金洗浄法に基づき，対ロシア制裁の海外領土への適用に係る2022年ロシア制裁令等が定められている。

22　なお，対外直接投資そのものではなく，対外直接投資に対する財政支援や各種金融サービスの提供は，EU規則833/2014第2e条において禁止されている。

23　今回のように国連安保理決議が存在しない場合に，国内法上は合法であるものの，各種の経済制裁措置が国際法上も違法性が阻却されるかについては見解が分かれており，筆者は，第1節3において述べた通り，今回の一連の経済制裁措置は国際法上も合法である可能性が十分にあると考えている。

24　日本からロシアおよびベラルーシにおける制裁対象者への暗号資産による支払は，従前から既に外為法の規制対象とされていたところであったが（「外国為替法令の解釈及び運用について」16-1-1），暗号資産の管理の委託や暗号資産の貸付等は，当該取引によって金銭債権・債務が発生しないことから，「資本取引」（外為法20条）には含まれない可能性があったため，今般，これらの取引

を「みなし資本取引」(同法 20 条の 2) として規制対象とする旨の外為法の改正がなされた。

25　ただし，実務上はこの例外の適用可否は厳格に審査されており，高度な必要性と緊急性が必要となる点に留意が必要である。

26　各大統領令の原文はロシア語であるが，下記サイトにおいて，ロシア NIS 貿易会が監修を行い，迅速に日本語仮訳が公表されている。https://www.jp-ru.org/news/etc/p009712/

27　ロシア憲法上，大統領には，憲法と連邦法の枠内で大統領令を発する権限が与えられており，この際，事前・事後に議会の承認を経る必要はないものとされている。そして，そのための根拠となる連邦法が，「ロシア連邦の国益と安全保障」が脅かされた場合等に，暫定的な措置として「特別経済措置」の発動を認める，本文で述べた法律である (小田 2022, pp. 528-529)。

28　日米欧の企業に悪影響を及ぼす立法措置等も複数検討されているものの，エネルギー供給停止を除いて未だ大半のものが実施されておらず，現時点ではあくまでも威嚇的効果を狙ったものに留まっている (濱本 2022b, pp. 3-4；鈴木 2022, pp. 3-5)。また，エネルギーの供給停止についても，現時点では在庫で対応出来ており，また一定程度代替調達先も存在するため，大きな影響が出ていないとの見方も可能である。

29　キリル文字の「C」はラテン文字の「S」に相当し，「エス」と発音することから，「タイプ S」口座と表記されている文献等もあるが，それらは「タイプ C」口座と同一のものである。

30　ただし，同条は任意規定であると解するのが通説であり，別段の合意 (一般に「外貨現実支払特約」と呼ばれる) は可能である (磯村・編 2022, pp. 145-146)。

31　同様の決定が，2022 年 3 月末に同年 4 月 1 日から 9 月末までの時限措置として発出されており，本決定はその期限を延長したものである。

32　少なくとも現時点では，ロシアにおいては，こうした弁済や配当の分割受領がロシアの対抗措置の潜脱とみなされる法的リスクは低いと考えられている。

33　論理的に考えるならば，ロシアによるウクライナ侵攻が停止され，ロシアが 2022 年 2 月 24 日以前の状況にまで軍を戻すことがひとつの解除条件となり得るが，以前と同様の状態に戻ること自体が極めて困難であることから，すべては政治的に決定されることになる可能性が高い。例えば，ブリンケン米国国務長官は，2022 年 3 月に「侵攻の停止と二度と同じことが生じないことの保証」を制裁の解除条件として挙げており (Inskeep 2022)，トラス英国外務大臣 (当時) は，2022 年 3 月に「ロシアのウクライナからの撤退と侵攻を終了することのコミットメント」を解除条件として挙げている (Holden 2022)。

[参考文献]

一般財団法人安全保障貿易情報センター (CISTEC) 事務局 (2022)，「米国・EU の対ロシア制裁概要と関連諸動向について (改訂 6 版)」(https://www.cistec.or.jp/service/zdata_russia/20220318.pdf, 2022 年 12 月 4 日アクセス)。

岩沢雄司 (2020)，『国際法』東京大学出版会。

小田博 (2022)，「ロシアの「反制裁措置」と外国企業の撤退」『国際商事法務』50 巻 5 号 527 頁以下。

磯村保・編 (2022)，『新注釈民法 (8) 債権 (1)』有斐閣 140-153 頁 (北居功執筆)。

久保田隆 (2022)，「対ロシア経済制裁を巡る一考察」『国際商事法務』50 巻 10 号 1339 頁以下。

坂本茂樹 (2022)，「ロシアのウクライナ侵攻と国際法」笹川平和財団 HP (https://www.spf.org/iina/articles/sakamoto_01.html, 2022 年 12 月 3 日アクセス)。

佐藤丙午 (2022)，「エコノミック・ステイトクラフトの理論と現実」日本国際政治学会編『国際政治』第 205 号 14 頁以下。

鈴木優 (2022)，「ロシアによる「非友好国」企業の「国有化法案」に関する一考察」『JCA ジャーナル』69 巻 5 号 3 頁以下。

中谷和弘（2021），「経済制裁：国際法の観点から」笹川平和財団 HP（https://www.jiia.or.jp/research-report/post-40.html, 2022 年 12 月 3 日アクセス）。

濱本正太郎（2022a），「ウクライナ問題国際法関連情報」京都大学濱本正太郎研究室 HP（http://www.hamamoto.law.kyoto-u.ac.jp/sonota/ukraine.html, 2022 年 12 月 3 日アクセス）。

濱本正太郎（2022b），「ロシアによる「非友好国」国民資産の収用と国際投資法」『JCA ジャーナル』69 巻 6 号 3 頁以下。

松本泉（2022），「新時代における商事紛争解決の国際的潮流（11）　対ロシア経済制裁と日本企業における法的リスク対応」『JCA ジャーナル』69 巻 11 号 57 頁以下。

Department of Treasury（2014），"Revised guidance on entities owned by persons whose property and interests in property are blocked"（https://home.treasury.gov/system/files/126/licensing_guidance.pdf, 2022 年 12 月 16 日アクセス）.

Foreign Relations Counsellors Working Party（2018），"EU Best Practices for the effective implementation of restrictive measures"（https://data.consilium.europa.eu/doc/document/ST-10572-2022-INIT/en/pdf, 2022 年 12 月 16 日アクセス）.

G7（2022），"Statement of the G7 and Australia on a price cap for seaborne Russian-origin crude oil"（https://www.auswaertiges-amt.de/en/newsroom/news/g7-australia-price-cap-seaborne-russian-origin-crude-oil/2567026, 2022 年 12 月 16 日アクセス）.

International Court of Justice（ICJ）（1996），"LEGALITY OF THE THREAT OR USE OF NUCLEAR WEAPONS"（Advisory opinion of 8 July 1996）.

Meyer, Jeffrey A.（2009），"Second Thoughts on Secondary Sanctions", U. Pa. J. Int'l L. 30:3, 926.

Holden, Michael（2022），"UK says Russian sanctions could be lifted with Ukraine withdrawal"（https://www.reuters.com/world/uk/uk-says-russian-sanctions-could-be-lifted-with-ukraine-withdrawal-report-2022-03-26/, 2022 年 12 月 15 日アクセス）。

Nikitina, Natalia and Dmitry Lapshin（2022），"Special Economic Measures Have Been Adopted"（https://www.whitecase.com/insight-alert/special-economic-measures-have-been-adopted, 2022 年 12 月 15 日アクセス）。

Inskeep, Steeve（2022），"Blinken sets a standard for lifting sanctions: an 'irreversible' Russian withdrawal"（https://www.npr.org/2022/03/16/1086835380/blinken-sets-a-standard-for-lifting-sanctions-an-irreversible-russian-withdrawal, 2022 年 12 月 15 日アクセス）。

第4章

中国のエコノミック・ステイトクラフトと法制度[1]
——習近平政権による「渉外法律闘争」

はじめに：問題の所在

　グローバリゼーションの深化は，世界経済全体に占める先進国のシェアを相対的に低下させ，新興国のシェアを増加させた。リチャード・ボールドウィン（Richard Baldwin）は，こうした現象とその影響を「新グローバリゼーション」と位置づけた[2]。「新グローバリゼーション」下における国家間の力の推移（Power Transition）や不均衡は，経済国家主義の台頭を招いている。

　国家間の力の推移や不均衡は，新たな技術の獲得とそのイノベーションをめぐる新たな国際的な覇権争いを生み出しつつある。すなわち，国家主導で情報のみならず，情報を基盤とする新興技術を保護し，規制・罰則を強化する動きへと結びついている。とりわけ情報や技術の獲得競争は，ポスト冷戦期における現状維持勢力（Status Quo Power）の米国と現状変更勢力（Revisionist Power）の中国との新たな大国間競争という形で表出している[3]。

　翻って中国は，自国の経済発展と国際社会との相互依存の深化に伴って，自らの自己主張や現状変更のために，他国に対して経済的国策，すなわち「エコノミック・ステイトクラフト」（Economic Statecraft, 以下 ES）を展開している。近年，ES に関する研究蓄積が進んでいるが，たとえばニコラス・マルダー（Nicholas Mulder）は，現代戦争の道具としての経済制裁の台頭について論じている[4]。

　実際，中国は，既存の国際秩序の側にあって中国の台頭の妨げとなる米国をはじめとする諸外国による対中規制や制裁に対抗するために，自らのナラティ

ブを変更し，ESの根拠となる国内法の整備を進め，既存の国際法秩序の変更
をも試みている。習近平ら中国指導部は，こうしたナラティブの変更と法制度
を用いた対抗を「渉外法律闘争」と位置づけている。それでは，「渉外法律闘
争」とはいかなる概念で，どのような影響をもたらすのだろうか。

　本章では，第1に，中国によるESの特徴について整理する。第2に，「習
近平法治思想」の構成要素である「渉外法治」の位置づけを明らかにした上
で，習近平政権下の「渉外法律闘争」がいかなる概念であるかを論じる。第3
に，「渉外法律闘争」に基づいたESを行使する根拠となる国内法整備の進展
状況について見ていく。最後に，中国によるESと法整備が日本に与える含意
について触れたい。

第1節　中国のエコノミック・ステイトクラフト

1.　経済的手段を用いた他国への影響力行使

　そもそもESとはどのような概念であろうか。ESとは，広義には「経済的
な手段を通じて相手に対して何らかの圧力や影響力を行使し，それによって国
家の戦略的目標を達成しようとすること」である[5]。すなわちESは，政治・
外交上の目的を達成するために，貿易・投資，財政・金融，エネルギー・資
源，経済援助，観光客の往来，サイバー等，さまざまな経済的手段を用いて他
国に影響力を行使することを指す。

　ESは経済的手段を用いた他国への影響力行使であるが，それは友好的なも
のと敵対的なものとがある。経済協力や経済支援，相互依存の深化などの友好
的な形態を採ることもあれば，そうした経済協力や経済支援を打ち切ったり，
自らの主張を他国に強制するための手段として経済制裁を行ったり，相互依存
の深化を逆手に取った産業チェーン，サプライチェーンを寸断したりするなど
の敵対的な形態を採ることもある。

　このことからわかるように，相手国に対して敵対的なESを行使するために
は，その相手国に対して友好的なESが十分に浸透している必要がある。相手

国が自国にどの程度依存しているかが，経済的手段を用いた影響力の程度を決定する。つまり，相手国にとって重要度が高い経済的資源や自国への依存度が高い経済的資源を供給したり，供給を遮断したりすることがESの成否に影響すると言えよう。

このようにESは，経済的要素や経済力を背景に，外交において相手に経済制裁などの「強要・服従」を迫るものであり，「強制外交」の一種として展開されることが少なくない。アレクサンダー・ジョージ（Alexander L. George）らは，「強制外交」を「敵対者によってすでに引き起こされた行動を覆そうと試みるもの」と定義している[6]。そのため，「強制外交」の手段として展開されるESは，「経済的威圧」（Economic Coercion）とも呼ばれる。

なお，ESは，「経済安全保障」（Economic Security）と同義の概念として用いられていることがある。2つの概念は重なり合う部分があるものの，論者によって多義的に用いられるため誤解を招きやすい。「経済安全保障」は，広義には「自国の経済的要素にかかる安全を保障すること」を指すが，まだ開始されていない相手国の行動の実行を思いとどまらせようとする「抑止」を含む概念として定義されることが一般的である。

2. 中国のESとその有効性をめぐる議論

それでは，中国はどのようにESを展開してきているのだろうか。李明江（Li Mingjiang）によれば，現在，中国は経済力，貿易力，投資力，資金力を地域や世界における政治的・安全保障的・戦略的利益の追求に活用するアプローチを模索している[7]。李は，対外関係において中国が「核心的利益」と位置付ける台湾問題や人権問題，南シナ海の領有権問題などをめぐる自らの主張を他国に強制するために，経済的影響力を利用してきたと指摘している。

また李は，中国がESを用いることで自らのイメージと親善を向上させ，地域の安定と繁栄を促進し，外交政策の目標を果たすことを期待していると考察する。そうした相互依存的側面について，ヴィダ・マチケナイテ（Vida Macikenaite）は，中国は，毛沢東時代以来，一貫して外交政策目標を追求するために，制裁ではなく誘因などの積極的な経済的手段を用いてきており，他

国への影響力を達成することに成功してきたと論じている[8]。

　一方で，現在，中国が進める「一帯一路」構想，「人類運命共同体」の促進
は，経済的な相互依存関係を強化することで，相互依存の武器化，あるいは
ネットワークの武器化につながる。また，中国のグローバル・ガバナンスへの
参画を促進するものでもある。そのため，中国が展開するESは，「新グロー
バリゼーション」下で経済国家主義の色彩を強め，他国に対する経済的威圧の
側面や，経済的制裁の側面を持つようになってきている[9]。

　こうした中国によるESの有効性を疑問視する者も少なくない。中国のES
をめぐる評価が分かれている最大の理由は，友好的なESについては成功して
きたが，敵対的なESについては失敗しているとすることにある。とりわけ中
国の強圧的な経済政策の有効性については議論の余地がある[10]。しかし，近年
では友好的なESの有効性についても疑問視されるようになってきている[11]。

　例えば，ウィリアム・ノリス（William J. Norris）は，国家が戦略的目標を
追求するために国家力の経済的ツールをどのように使用するかを考察した上
で，中国が展開するESがどのように機能し，なぜ効果的か，あるいは効果的
でないかを分析している[12]。中国は，経済発展に伴って世界的な影響力を拡大
し，自らの戦略的利益を前進させるために，ESを広範囲に利用してきたが，
それは必ずしも効果的というわけではない。

3. 友好的なESとその深化による敵対的なESの展開

　習近平政権の下で行われる中国のESは，その有効性にかかわらず，より積
極的に展開されるようになってきた。その背景には，米ドナルド・トランプ
（Donald Trump）政権以降に本格的に深まった米中対立や，2019年末に中国
湖北省武漢市で発生した新型コロナウイルス感染症の世界的な拡大，ロシアに
よるウクライナ侵略など国際環境が厳しさを増してきていることがあることは
言うまでもないだろう。

　そうした中国を取り巻く国際環境の複雑化や悪化に伴い，中国は経済の「自
力更生」を掲げる一方で，経済の国内循環を主体として国内と国際の2つの循
環を相互に促進する新たな発展戦略として「双循環」を掲げ，自国の企業に対

する減税や融資，補助金などを拡大するとともに，インフラ投資や産業チェーンの移転，消費と輸出の拡大，産業チェーンおよびサプライチェーンを強化するなどさまざまな経済政策を打ち出してきている。

　中国が産業チェーンの移転，消費と輸出の拡大，サプライチェーンの強化などの経済政策を推し進める背景には，習政権が掲げる「一帯一路」構想や「人類運命共同体」構築による相互依存の深化もある[13]。「一帯一路」構想は，沿線国において港湾，鉄道，高速道路，その他のインフラプロジェクトを実施，経済関係を深めるものであり，貿易や投資の促進を通じて，中国の沿線国に対する接続性や対中依存度を高めることを目的としている。

　金融面においても，中国はアジアインフラ投資銀行（Asian Infrastructure Investment Bank，AIIB）をはじめとする新たな金融機関を設立するなど，金融外交の取り組みを拡大している。また，中国は世界における外国直接投資（Foreign Direct Investment，FDI）の主要な供給源である。FDIを通じて，中国は海外における天然資源，戦略的資産，市場へのアクセスを獲得し，受け入れ国の政治的決定に影響を与えることをも可能にしている。

　中国は「世界の工場」と呼ばれ，世界経済に深く根差してきたが，WTO加盟を契機に国際貿易を加速してきただけでなく，近年ではその経済力を背景にESの手法を展開するようになっている。諸外国が対中依存を深めることは，中国が掲げる「人類運命共同体」構築につながるものである。このことは同時に，経済的な接続性や対中依存度の深化によって，諸外国が中国に生殺与奪権を握られることとなることを意味している。

4.　経済安全保障の確保のためのES

　こうした背景により，中国は友好的なESのみならず，相互依存の深化に伴ってそれを「武器化」し，敵対的なESを展開するようになってきている。それでは中国が誘因ではなく制裁という形でESを展開する要因にはどのような特徴があるのだろうか。中国が強制外交の一環として敵対的なESを発動する要因は，主に以下の4つがある。

　第1に，台湾，チベット自治区，新疆ウイグル自治区，香港，東シナ海，南

シナ海，中印国境など，領土主権をめぐる問題である。第2に，韓国の
THAAD（終末高高度防衛）ミサイル配備に代表される安全保障上の問題であ
る。第3に，民主主義や人権など中国共産党の価値観と相容れない価値をめぐ
る問題である。第4に，米中貿易摩擦や香港，COVID-19起源問題などをめ
ぐる国際的な批判や制裁に対する報復・対抗措置としてである。

　中国の敵対的なESは，2008年にフランス・パリで北京夏季五輪の聖火リ
レーが妨害されたことを受けて中国でカルフールの不買運動が起きたことや，
2010年に尖閣諸島沖での中国漁船と日本の海上保安庁の船舶との衝突事故を
契機として日本に対してレアアース（希土類）の輸出規制や日本製品の不買運
動を行ったことなどにその端緒を見ることができるだろう（表「中国によるエ
コノミック・ステイトクラフトの主な事例」参照）。

　その後も上記の4つの要因に基づき，他国に対してESの手法を用いた強制
外交（経済的威圧）を展開してきている。特に近年では，前述の国際環境の複
雑化，悪化に伴い，中国は他国からの制裁などに対する抑止力や報復・対抗措
置として敵対的ESを積極的に展開するようになってきている。これは中国自
身が安全保障のために，経済活動に関して行われる国家および国民の安全を害
する行為を抑止，対処するものとして位置づけられる。

　実際，2020年4月10日の中央財経委員会第7回会議では，習近平が「設備
などの分野で産業の質を高め，国際的な産業チェーンを我が国（中国）に依存
させることは，人為的に供給を遮断することへの強力な対策と抑止力を形成す
る」と述べた[14]。これは，中国への経済的な依存関係を，産業チェーン，サプ
ライチェーンの寸断を自らの強制外交の手段とするとともに，他国からの制裁
などに対する抑止力や報復・対抗措置とすることを意図している。

表　中国によるエコノミック・ステイトクラフトの主な事例

期間	対称国	制裁理由	制裁対象
2008 年	フランス	チベット（北京夏季五輪への抗議活動）	カルフールへの不買運動
2010〜2014 年	日本	領土（東シナ海・尖閣諸島）	輸出規制（レアアース），日本製品不買運動
2010〜2016 年	ノルウェー	人権・価値（人権活動家・劉暁波）	輸入規制（サーモン）
2011 年	エストニア	人権・価値（ダライ・ラマ訪問）	輸入規制（乳製品）
2012〜2016 年	フィリピン	領土（南シナ海・スカボロー礁）	輸入制限（バナナ），観光制限
2016 年	台湾	台湾（民進党勝利）	観光制限
2016 年	モンゴル	人権・価値（ダライ・ラマ訪問）	政府間交流中止，輸入停止（精鉱）
2016 年	パラオ	台湾（外交関係断絶拒否）	観光制限
2017 年	韓国	安全保障（THAAD 配備）	観光制限，韓国文化・製品の不買運動
2018 年〜現在	米国	報復・対抗措置（貿易摩擦）	報復関税
2018 年〜現在	カナダ	報復・対抗措置（華為副社長拘束）	輸入規制（菜種），渡航自粛
2019 年	ニュージーランド	報復・対抗措置（華為排除）	観光制限
2019〜2020 年	米国	人権・価値（米 NBA 香港民主化デモ支持）	スポンサー撤退，試合放映停止
2020 年〜現在	豪州	報復・対抗措置（COVID-19 起源問題等）	輸入規制（大麦，ワイン，牛肉），渡航自粛
2020 年	米国	報復・対抗措置（中国メディア規制強化）	米メディアへの規制強化
2020 年	米国	台湾（武器売却）	制裁予告　※未実施
2020 年	英国	報復・対抗措置（5G インフラ排除）	中国企業の撤退示唆　※未実施
2020 年	米国	報復・対抗措置（中国アプリ規制）	米国アプリ規制
2020 年	チェコ	台湾（チェコ上院議長らの訪台）	企業への報復示唆　※ピアノの発注取消
2021 年	米国	報復・対抗措置（党幹部の資産凍結）	米政権幹部の入国禁止，活動制限
2021 年	台湾	台湾（蔡政権の COVID-19 対応）	輸入制限（パイナップル，レンブ，バンレイシ）
2021〜2022 年	リトアニア	台湾（台湾代表処の設置）	輸入規制（牛肉等），リトアニア製品不買運動
2022 年	台湾	台湾（米ペロシ下院議長訪問）	輸入規制（果物，魚），輸出規制（天然砂）

（出典）各種報道をもとに筆者作成。

第2節　「習近平法治思想」と「渉外法律闘争」

1.「習近平経済思想」と「習近平法治思想」に通底するES

　「中国は経済のグローバル化という正しい方向を堅持し，貿易と投資の自由化・円滑化を促し，二国間協力と地域協力，多国間協力を推し進め，国際マクロ経済政策面の協調を促進し，発展に有利な国際環境をともに整え，グローバル発展の新たな原動力をともに育成し，保護主義に反対し，障壁の設置やデカップリング，産業チェーン・サプライチェーンの寸断行為に反対し，一方的な制裁や極限まで圧力をかける行為に反対する」[15]。

　2022年10月，中国共産党第20回全国代表大会（20大）における活動報告では，このように述べられており，外国からの制裁や内政干渉，管轄権の域外適用に対抗する仕組みを整えることが習近平政権3期目にあたる20大の期間中の主要政策の1つとして掲げられた。すなわち，中国は経済的な相互依存関係を利用した武器化を自ら進める一方，他国によるESの手法を用いた強制への対抗力を高め，対抗策を講じることを模索している。

　こうした考えは「習近平経済思想」の構成要素に含まれている[16]。一方，経済的手段を用いて他国に影響力を行使するための根拠となる法制度を整備しようとしているが，これもまた「習近平法治思想」の一部を構成している。国内法を整備するだけでなく，「国内法治と渉外法治を統一して推進する」ことを目指し，「法治」を海外との関係にも統一的に適用することが「習近平法治思想」の構成要素となっていることは特筆すべきであろう[17]。

　それでは「渉外法治」とはどのような概念なのであろうか。これらのことを明らかにするためには，「習近平法治思想」における「渉外法治」がどのように位置づけられているのかを分析する必要がある。その前に，そもそも「渉外」とはどのような概念なのか，また中国の「法治」の概念は欧米諸国をはじめとする「法治」とどのように異なるのかを整理しておかなければならないだろう。

　なぜなら，中国の「法治」は，西洋の「法治」とは異なると中国共産党自身

が定義しているからである。2023 年 2 月 26 日，中国共産党中央辦公庁と国務院辦公庁が公表した「新時代の法学教育と法学理論研究の強化に関する意見」では，「西洋の『立憲』，『三権分立』，『司法の独立』などの誤った観点に断固反対し，抵抗する」ことが掲げられた[18]。このことからもわかるように，中国の「法治」は中国共産党の領導を前提としたものとなっている。

2. 中国における「渉外」法律法規の概念

　一方で，「渉外」という用語自体は，一般的に用いられており，現代中国においてもたびたび用いられてきた。中国語の「渉〜」とは「〜をめぐる」，あるいは「〜に関連する」という意味であり，「渉外」は「外部もしくは外国との連絡・交渉」という日本語とほぼ同義の意味で用いられている。そのため，「渉外法治」は，「外部もしくは外国との連絡・交渉」に関して法律法規によって規定し，統治することを指すと定義することができる。

　そうした「渉外法律法規」は，外交事務，公安，対外経済貿易・技術協力，財政税収，金融，農林，税関，輸出入商品検査，物価，工商行政管理，技術監督，統計，交通運輸，民間航空，国境管理，郵便電信，経済特区および沿海開放区，労働人事，環境保護，旅行，外国専門家管理，科学技術，文化体育，医療衛生，司法民政，渉外仲裁など，海外と関わるあらゆる分野に及ぶ。

　現代中国では，中華人民共和国の建国以来，全国人民代表大会（全人代）および全人代常務委員会が関連する渉外法律を制定し，中国政府が渉外行政法規と法規性文件を公表，発布してきている。その意味で，渉外法律法規それ自体は建国当初から存在する[19]。しかし，これらの海外と関わるあらゆる分野に関する法律法規は，あくまでも行政事務をいかに処理するかということを規定したものである。

　すなわち，渉外法律法規は，それを用いて，自国に有利な国際環境を作り出したり，自国および自国民の利益を損なう他国および他国民に対して制裁を行ったりするステイトクラフトの発想に基づいて定められたものではない。また，これまでは「渉外法律闘争」や渉外軍事法治工作，あるいは軍事領域における渉外法律法規の整備といった文脈で「渉外法治」や渉外法律法規は語られ

てはこなかった。

　しかし，習近平政権では，2016 年 7 月 12 日，南シナ海をめぐる中国との紛争に関して，フィリピンのアキノ前政権が 2013 年に国連海洋法条約（UNCLOS）に基づいて開始した仲裁手続きの判断を「紙くず」と称する一方で，中国の主権，安全，発展の利益や中国の公民，組織の合法的な権益の擁護を積極的に確保しようとしている。また，そのための「渉外法治」の概念構築とその強化，さらには「渉外法律闘争」が進められてきている。

3. ES をめぐる「習近平法治思想」と「渉外法治」

　2012 年の中国共産党第 18 回全国代表大会（18 大）以来，習近平率いる党中央は，全面的な「依法治国」（法に基づく国家統治）と「法治中国」の建設のため，トップダウン（頂層設計）で中国式の「法治」を推し進め，「社会主義法治」の理論と実践の探求を強化してきたという。それでは，「習近平法治思想」に基づいて，「渉外法治」はどのように進められているのであろうか。

　2014 年 10 月 28 日，中国共産党第 18 期中央委員会第 4 回全体会議において，『中国共産党中央の依法治国の全面的な推進に関する若干の重大問題の決定』が採択された。この決定では，「これまでにない決意と措置，力をもって全面的な法による国家統治と法治中国の建設を推進した」ことが強調されるとともに，「渉外法治」，「渉外法律工作」の強化が打ち出された[20]。

　2018 年 8 月 24 日，中国共産党中央の全面依法治国委員会第 1 回会議において，習近平は，「中国が世界に向かい，責任ある大国として国際事務に参加するには，法治をうまく運用しなければならない」，「対外闘争において，我々は法律の武器を手に取り，法治の制高点を占領し，破壊者，攪乱者にノーと言わなければならない」と強調した[21]。こうした「法律の武器」を用いた「対外闘争」が「習近平法治思想」の「渉外法治」を構成している[22]。

　さらに，同会議において，習は「グローバル・ガバナンス・システムは調整・変革の重要な時期にあり，我々は国際ルールの制定に積極的に参加し，グローバル・ガバナンスの変革プロセスの参与者，推進者，先導者にならなければならない」とも述べ，国際法制度の調整・変革にも積極的に関わることで，

自国に有利な国際環境を構築しようとしていることが読み取れる。

　加えて，2019 年 10 月 31 日中国共産党第 18 期中央委員会第 4 回全体会議には，「中国共産党中央の中国の特色ある社会主義制度の堅持と完備による国家管理システムと管理能力の現代化に関するいくつかの重大な問題の決定」を審議・採択し，中国の法域外に適用する法体系の建設を加速させ，「渉外法治工作」を強化することなどを決定した[23]。このことは，中国の渉外法律法規の域外適用を想定した法律整備を進めることを意味している。

4.「渉外法律闘争」とナラティブの変更

　このように，習近平が「対外闘争」における「法律の武器」を手に取り，「法治の制高点を占領」しなければならないと強調したことは，中国における「渉外法律闘争」を加速させた。さらには，中国のみならずグローバル・サウスの利益を代表し，権威主義体制の維持に有利な国際環境を作るための国際的なルール形成，既存の国際法秩序，国際規範への挑戦も視野に入る。

　なお，「渉外法律闘争」という用語を公の場で初めて用いたのは，王晨・中国共産党中央政治局委員・全国人民代表大会常務委員会副委員長・中国法学会会長（当時）が，2019 年 10 月 11 日に中国法学会主催の「習近平総書記の全面的な依法治国（法に基づく国家統治）の新理念・新思想・新戦略を学習・貫徹するフォーラム」における基調講演で「渉外法律闘争に積極的に参加し，香港闘争，米中貿易摩擦などの問題で，我が国（中国）の法学・法曹界の声を積極的に出さなければならない」と述べたのが初めてであるとみられる[24]。

　この基調講演で，王晨は「渉外法律闘争に積極的に参加し，香港闘争，米中貿易摩擦などの問題で，我が国（中国）の法学・法曹界の声を積極的に出さなければならない」と述べたが，これまで中国は香港や台湾などを「境外」として捉えてきた。また，諸外国との交渉や闘争については，「対外」もしくは「外交」，「国際」的な法律闘争として捉えてきた。しかし，この「渉外法律闘争」は，外国の「干渉」や制裁への対策・対応を「対外」問題や「国際」問題として捉えるのではなく，敢えて「渉外」という概念を用いて捉え直すものである。

　中国の指導者らは，欧米諸国が「渉台，渉港，渉藏，渉疆，渉海，渉疫など
の問題を利用」していると主張している[25]。すなわち，中国は欧米諸国が，台
湾，香港，チベット，新疆ウイグル，東シナ海・南シナ海，新型コロナウイル
ス感染症などをめぐる問題を利用して，中国に対して闘争を仕掛けており，そ
れらの問題はあくまでも中国の内政問題で，国の主権，安全，発展の利益や中
国の公民，組織の合法的な権益を損なうものであると認識している。

　それらへの報復・対抗措置として，「渉外」法律闘争を展開しなければなら
ないと習近平や栗戦書ら党幹部は強調する。このことは，「対外」法律闘争，
「国際」法律闘争，「境外」に関する法律闘争などではなく，「渉外」という新
たな概念によって，すべてを中国の国内問題として捉え直し，それらへの外国
の干渉や制裁に対して中国の国内法を整備するとともに，既存の国際法秩序を
変更することを掲げる，極めて重大なナラティブの変更と見られる。

第3節　経済安全保障（確保）のための国内法整備

1．経済安全保障確保のための法整備

　中国にとっての外交は内政の延長線上である。前節で論じたように，中国は
人権や民主主義といった価値や主権および主張をめぐる国際的な批判に対し
て，自らのナラティブを変更し，内政干渉であるとの非難を展開して，自らの
自己主張や現状変更のために，あるいは既存の国際秩序の側にあって中国の台
頭の妨げとなる米国をはじめとする諸外国による対中規制や外国からの制裁へ
の対抗のために，「渉外法律闘争」を展開しようとしている。

　第1節で示した通り，中国が敵対的なESを発動する要因はいずれも中国の
「核心的利益」や安全，発展，政治経済上の権益や面子，ひいては中国共産党
による「党国体制」を揺るがしかねない問題である。とりわけ米中対立をはじ
め，中国を取り巻く国際環境が複雑化し，厳しさを増す中で，近年の中国のデ
ジタル経済の促進や海外からの技術獲得，軍民融合による発展戦略，国際標準
化に向けた中長期的な取り組みは，大きな困難に直面している。

そのため，中国は，デュアルユース技術に関する米国をはじめとする欧米諸国からの制裁措置や取引制限への対抗策として，経済の安全保障的側面や国家安全保障それ自体を強化すべく，国内法の整備を進め，さらには中国法の域外適用や国際法の調整・変革への積極的な参加を企図している。以下，中国における「渉外法律闘争」に基づいた国内法整備の進展状況について見ていきたい。

近年の国内法整備で特に注目を集めたのが，2020年10月17日に制定，12月1日から施行された「中華人民共和国輸出管理法」である。「輸出管理法」は，中国の輸出管理の分野で最初の特別法であり，管理政策，管理リストと管理措置，監督管理，法的責任，および附則の全5章49条からなる[26]。同法は，規制品リストの整備や特定品目の輸出禁止に係るエンティティ・リストの導入，みなし輸出，再輸出規制導入，域外適用の原則，報復措置などを規定している。

また，同年9月19日には，「信頼できない実体（エンティティ）リスト」の規定を公表，同日に施行した[27]。これは，リストに掲載された外国の実体の中国における貿易，投資などの活動を禁止または制限することを規定したものである。ただし，本規定に基づく実体リストは同時には公表されず，米中対立をはじめとする国際環境の変化に応じて公表，追加される。

2.　安全保障の確保のための法整備

中国の国内法の域外適用を模索する一方で，2021年1月9日，商務部は「外国と法律および措置の不当な域外適用を阻止する弁法」を公表，同日に施行した[28]。この商務部令の目的は，「外国の法令や措置の不当な域外適用を阻止し，国家主権，安全，発展の利益を保護，中国の国民または法人の権利利益を保護すること」にあるという。同法は，中国政府が「不当な域外適用」と見なした場合，その当事者に対して損害賠償を請求できると規定した。

また，2021年4月26日，国家安全部が「反間諜（スパイ）安全防範工作規定」を制定するなど，技術や情報，知的財産権の保護を強化する動きも今後さらに加速するものと見られる。このように，他国から自国の国家主権，安全，

発展の利益，技術や情報，知的財産権などを保護するための法律法規が矢継ぎ早に制定されている。これらは，経済安全保障を含む「総体国家安全観」に基づく国家の安全保障の確保のための法整備であると言えよう[29]。

　他方，安全保障の確保のための法整備も並行して進められている。2020月12月26日には，国防法が改正，公布され，2021年1月1日に施行された。この改正では，習近平政権下の軍改革を反映し，総体国家安全観に基づき，中国の国際的地位，国の安全および発展の利益に応じた国防と武装力を構築することや，防御的国防政策，積極的防御を実行し，全国民による国防を貫徹することなどが新たに規定された。

　また，2022年3月の全人代では，習近平は，2022年3月の第13期全国人民代表大会第5回会議における人民解放軍および人民武装警察部隊代表団全体会議で，国防と軍隊建設の法治化のレベルを引き上げることを強調した[30]。また，2022年中に国防動員体制を完成させることが目標に掲げられ，2023年2月には全国各地の地方政府に「国防動員辦公室」の看板が設けられた[31]。

　このように，2022年の全人代においては，「渉外法律闘争」の一環として，渉外軍事法治工作を強化し，軍事領域の渉外法律法規を整備することも掲げられた。このことから，今後，中国の経済安全保障を含む国家安全保障のために，さらなる法整備が進められるだろう。そうした中で，民間の経済的資源を含む国防動員のための法的根拠を整えるべく，国防動員法の改正も視野に入る。

3.　技術や情報・データの獲得，囲い込み，漏洩防止

　中国は，経済発展の基盤となる技術や情報・データの獲得，囲い込み，漏洩防止を目的として，強制技術移転とデータ越境制限についても国内法の整備を模索している。無論，強制技術移転やデータ越境制限は，中国に進出する外国企業をはじめ，諸外国からの反発も大きい。そのため，強制技術移転については，2019年3月15日に成立し，2020年1月1日から施行された「中華人民共和国外商投資法」で強制技術移転の禁止（第22条）を明記した。

　また，2019年3月2日付で公布された「中華人民共和国国務院令」（第709

号）では，「中華人民共和国技術輸出入管理条例」における「第三者の権利を侵害した際の補償責任を外国企業に負わせる」（第24条），「中国側が技術を改良すれば，改良技術は中国側に帰属する」（第27条），「外国企業が技術ライセンス契約の内容を制限することを禁止する」（第29条）といった条文を削除した。

　このように，中国では2019年に「強制技術移転の禁止」に関する法案が成立し，国務院令においても「輸出入管理条例」の一部が削除され規制緩和されたと思われた。しかし，前述の「輸出管理法」では「中国で研究開発の進められた技術を国外に移転する際には，情報の開示をしなくてはいけない」と規定されている。そのため，中国国内の海外企業のR&D拠点で開発した技術を中国国外に移転する際に技術情報の開示・収集リスクが残る。

　一方，データ越境制限についても対中進出企業の懸念材料となっている。情報，データ主権を確保したい中国政府は，2021年6月10日に「中華人民共和国データ安全法」を制定，2021年8月20日には「中華人民共和国個人情報保護法」を制定，さらに2022年5月19日には，国家インターネット情報辦公室「データ国外移転安全評価弁法」を制定し，同年9月1日から施行するなど，情報・データに関する法整備を進めてきている。

　なかでも「データ国外移転安全評価弁法」は，中国国内で収集・生成した重要データの越境移転の管理について，データ処理者が国外に重要データを提供する場合や重要情報インフラの運営者に対して「網絡安全（サイバーセキュリティ）法」の規定が適用されると規定された。それに伴い，「網絡安全法」も改正に向けて2022年9月14日に意見請求稿が公表されている。こうしたデータ越境制限は，対中進出企業によってリスクや制約となることが想定されよう。

4. 「反外国制裁法」の制定と「渉外法律闘争」

　2021年6月10日には，「中華人民共和国反外国制裁法」が成立，同日施行された[32]。同法は，「国の主権，安全，発展の利益を擁護し，中国の公民，組織の合法的な権益を保護するため」に制定されたもので，全16条と非常に短

い法律となっている。中国の主張する権益を擁護・保護することを名目に，国内法に基づき他国に対して報復・対抗措置を講じることを可能にすることが同法制定の主旨である。

　中国にかかるエンティティおよび技術や製品に対する規制強化に伴う損失賠償要求を可能にする同法では，「外国国家が国際法と国際関係の基本準則に違反し，各種の口実やその本国の法律に依拠して中国に対して抑制，抑圧を行い，中国の公民，組織に対して差別的規制措置を講じ，中国の内政に干渉した場合，中国は相応の報復措置を採る権利を有する」（第3条）と規定されている。

　また，「いかなる組織と個人もすべて，外国国家が中国の公民，組織に対して講じた差別的規制措置を実行，あるいは実行に協力してはならない。組織と個人が前項の規定に違反し，中国の公民，組織の合法権益を侵害した場合，中国の公民，組織は法に基づいて人民法院に訴訟を提起し，侵害を停止し，損失を賠償するよう要求することができる」（第12条）と規定されているが，何をもって合法的権益を侵害したと判断するかは中国側の判断による。

　加えて，「中国の主権，安全，発展の利益を害する行為に対して，本法の規定の他に，関連する法律，行政法規，部門規章によりその他の必要な報復措置を講じることを規定できる」（第13条）とされている。具体的には，① 対象となるエンティティのビザの発行禁止，入国禁止，ビザの取り消し，または国外追放，② 中国国内の動産，不動産，またはその他の各種財産の差押，押収，凍結，③ 中国国内の組織，個人との取引，提携等の活動の禁止または制限，④ その他の必要な措置が取られることとなる。

　そのため，既存の中国国内法に加えて，報復措置を行うために同法に関連した法律法規が今後整備されることが想定される。2022年の全人代では栗戦書・全人代常務委員長も法律による「渉外」闘争を強調しており，「反外国制裁法」に関連した具体的な法整備が進められ，経済安全保障を確保するための敵対的なESや国家安全保障の確保のための法整備とそれに基づく「渉外法律闘争」が展開されることが想定される[33]。

おわりに：中国の強制外交が日本に与える含意

「外交は内政の延長線上」という見方が通説となっているが，本稿で論じてきたように，習近平政権以降，中国の対外強硬姿勢の作用のみならず，米中対立や COVID-19 パンデミックをめぐる対応の反作用として，「外交が内政に与える影響」が強まってきている。すなわち，内政と外交の相互作用（インタラクション）に着目することがこれまで以上に重要になっていると言えよう。

中国は「総体国家安全観」に基づき自国の軍事力や安全保障体制を強化し，国を挙げて「戦略的新興産業」を育成し，国家戦略に押し上げられた「軍民融合発展戦略」によって経済と国防の一体的な発展を目指している。同時に，党は国内での情報統制や人権抑圧，海外への ES の手法や武力を用いた目的の達成など，自らの主権主張のために強制力を行使している。本章では，そうした中国の ES と法制度の関係について論じてきた。

中国はこれまで国際社会が築き上げ，共有してきた価値観とは異なる価値観で中国共産党が統治する国家体制（党国体制）の維持と対外拡張に努めている。こうした人権や民主主義などの価値や主権主張をめぐる国際的な批判に対して，中国は一貫して「内政干渉」と非難し，時として ES を含む強制外交を展開してきている。それは，すべては「内政」問題であり，それに対する「渉外」闘争を展開するという論理に基づいている。

すなわち，「渉台，渉港，渉藏，渉疆，渉海，渉疫等」はすべて「内政」問題であり，それに対する「渉外」闘争という論理を展開し，国内における法令によって反外国制裁・反内政干渉・反「管轄権の域外適用」の仕組みを整備しつつある。こうした中国の新たなるナラティブに基づいて，中国の国内法がさらに整備され，「渉外」法律闘争が展開されることが想定される。

そのため，中国が展開する強制外交に留意することはもちろん，欧米諸国や日本が中国に対して何らかの制裁を実施した場合，中国の国内法に基づいてそれに対応する制裁措置が行われるであろうことに日本と産業界は留意しなければならない。また，法整備が直ちに実際の行動に結びつくわけではないが，「国防動員」や「非戦争軍事行動」への警戒を高める必要もあるだろう。

[注]

1　本稿は，土屋貴裕「現下の中国の政治状況の変化とその見通し，経済・社会に与える影響―日本と産業界が留意すべき変化―」『CISTEC JOURNAL』No.200，一般財団法人安全保障貿易情報センター，2022 年 7 月，100-115 頁の一部を基に大幅に加筆修正したものである。なお，本章におけるインターネット情報の最終アクセス日は 2023 年 3 月 4 日である。

2　Richard Baldwin, *The Great Convergence: Information Technology and the New Globalization*, Belknap Press: An Imprint of Harvard University Press. 2016. 邦語訳は，リチャード・ボールドウィン著，遠藤真美訳『世界経済 大いなる収斂 IT がもたらす新次元のグローバリゼーション』日本経済新聞出版社，2018 年。

3　Status Quo Power（現状維持勢力と現状変更勢力との間における「覇権移行論」（Power Transition Theory）については，A. F. K. Organski, *World Politics*, New York: Alfred A. Knopf, 1958 を参照。

4　Nicholas Mulder, *The Economic Weapon: The Rise of Sanctions as a Tool of Modern War*, Yale University Press books, 2022.

5　鈴木一人「エコノミック・ステイトクラフトと国際社会」村山裕三編著，鈴木一人，小野純子，中野雅之，土屋貴裕著『米中の経済安全保障戦略：新興技術をめぐる新たな競争』序章，2021 年 7 月，芙蓉書房出版，10 頁。なお，ES については，Jean-Marc F. Blanchard, Norrin M. Ripsman, *Economic Statecraft and Foreign Policy: Sanctions, incentives, and target state calculations*, Taylor and Francis. 2013, および David A. Baldwin, *Economic Statecraft*, Princeton Univ Press, 2020 などを参照。

6　ゴードン・A・クレイグ，アレキサンダー・L・ジョージ著，木村修三，五味俊樹，高杉忠明，滝田賢治，村田晃嗣訳『軍事力と現代外交―歴史と理論で学ぶ平和の条件―』（有斐閣，1997 年），220 頁。(Gordon A. Craig and Alexander L. George, Force and Statecraft' Diplomatic Problems of Our Times, Third Edition, Oxford university Press, 1983, p.196)。

7　Mingjiang Li, *China's Economic Statecraft: Co-optation, Cooperation and Coercion*, World Scientific Publishing Co. Pte. Ltd., 2017.

8　Vida Macikenaite, "China's economic statecraft: the use of economic power in an interdependent world," *Journal of Contemporary East Asia Studies*, 9:2, 2020, pp.108-126.

9　Aravind Yelery, *China Inc.: Between State Capitalism and Economic Statecraft*, Pentagon Press, 2022.

10　例えば，Matt Ferchen, "Does China's Coercive Economic Statecraft Actually Work?: Despite the hype, it remains unclear how much Beijing's punitive economic measures help advance its influence and policy aims," The United States Institute of Peace, March 1, 2023, https://www.usip.org/publications/2023/03/does-chinas-coercive-economic-statecraft-actually-work.

11　中国の ES とその利用が世界に及ぼす影響については，多くの政策立案者や研究者の間で議論されている。中国の ES をめぐる議論については，Priscilla Roberts, "Economic Statecraft with Chinese Characteristics: Strange, New, and Different, or Old Wine in New Bottles?," *Journal of Current Chinese Affairs*, 50:3, 2022, pp.267-293, および Edward Yang Yi, and Wei Liang, eds., *Challenges to China's Economic Statecraft: A Global Perspective*, Lexington Books, 2019 を参照されたい。

12　Norris J. William, *Chinese Economic Statecraft: Commercial Actors, Grand Strategy, and State Control*, Cornell Univ Press, 2018.

13　中国の「一帯一路」構想および同構想と「人類運命共同体」の関係については，土屋貴裕「中国の『一帯一路』構想をめぐる現状と課題」佐藤史郎，石坂晋哉編『現代アジアをつかむ―社会・経

済・政治・文化 35 のイシュー』第 13 章（明石書店，2022 年），165-177 頁を参照されたい。

14　習近平「国家中長期経済社会発展戦略若干重大問題」求是網，2020 年 10 月 31 日，http://www.qstheory.cn/dukan/qs/2020-10/31/c_1126680390.htm。

15　「中国共産党第 20 回党大会報告全文」新華社，2022 年 10 月 28 日，https://jp.news.cn/20221028/7d7768e4a1b34579b9b49d0bcad9ec14/c.html。

16　中共中央宣伝部，国家発展和改革委員会『習近平経済思想学習綱要』北京：人民出版社・学習出版社，2022 年，140-160 頁。

17　中共中央宣伝部，中央全面依法治国委員会辦公室『習近平法治思想学習綱要』北京：人民出版社・学習出版社，2021 年，117-126 頁。

18　「中共中央辦公庁 国務院辦公庁印発《関于加強新時代法学教育和法学理論研究的意見》」新華網，2023 年 2 月 26 日，http://www.news.cn/politics/2023-02/26/c_1129398885.htm。

19　中華人民共和国国務院法制局編『中華人民共和国渉外法規滙編（1949-1988）』深圳：海天出版社，1989 年。

20　「習近平：関於《中共中央関於全面推進依法治国若干重大問題的決定》的説明」新華網，2014 年 10 月 28 日，http://www.xinhuanet.com/politics/2014-10/28/c_1113015372.htm。

21　習近平「加強党対全面依法治国的領導」求是網，2019 年 2 月 15 日，http://www.qstheory.cn/dukan/qs/2019-02/15/c_1124114454.htm。

22　「習近平法治思想」と「渉外法治」について，詳しくは本章末の参考文献を参照されたい。

23　「中共中央関於堅持和完善中国特色社会主義制度 推進国家治理体系和治理能力現代化若干重大問題的決定」『人民日報』2019 年 11 月 6 日，http://paper.people.com.cn/rmrb/html/2019-11/06/nw.D110000renmrb_20191106_2-01.htm。

24　王晨「在全面依法治国実践中担当尽責沿着中国特色社会主義法治道路闊歩前進」『中国法学』2019（06），2019 年，6-15 頁。

25　「外交部駐港公署堅決擁護和支持《中華人民共和国反外国制裁法》」中華人民共和国外交部駐香港特別行政区特派員公署ホームページ，2021 年 6 月 12 日，https://www.fmprc.gov.cn/ce/cohk/chn/gsbt/t1883517.htm。

26　「中華人民共和国出口管制法」中国人大網，2020 年 10 月 17 日，http://www.npc.gov.cn/npc/c30834/202010/cf4e0455f6424a38b5aecf8001712c43.shtml。

27　「商務部令 2020 年第 4 号 不可靠実体清単規定」中華人民共和国商務部ホームページ，2020 年 9 月 19 日，http://www.mofcom.gov.cn/article/b/fwzl/202009/20200903002593.shtml。

28　「商務部令 2021 年第 1 号 阻断外国法律与措施不当域外適用辦法」中華人民共和国商務部ホームページ，2021 年 1 月 9 日，http://www.mofcom.gov.cn/article/b/c/202101/20210103029710.shtml。

29　2014 年 4 月 15 日に開催された中国共産党の中央国家安全委員会第 1 回会議で，習近平政権下で初めてとなる「総体国家安全観」（総体的な国家安全保障観）が提示された。「習近平：堅持総体国家安全観 走中国特色国家安全道路」，新華網，2014 年 4 月 15 日，http://news.xinhuanet.com/politics/2014-04/15/c_1110253910.htm。

30　「（両会受権発布）習近平在出席解放軍和武警部隊代表団全体会議時強調 貫徹依法治軍戦略 提高国防和軍隊建設法治化水平」新華網，2022 年 3 月 7 日，http://www.news.cn/politics/leaders/2022-03/07/c_1128448091.htm。

31　こうした渉外法律法規に関する発言について，例えば読売新聞は「海外派兵」と絡めて報じている。ただし，習近平の発言は国防動員法に関する報告に対するものであり，デュアルユース技術に関して米国からの経済制裁に対抗する必要性を説く文脈で国防と軍隊建設の法治化のレベルを引き上げることが語られたことから，「海外派兵」と絡めて論じるのは誤解を生じるものである。「習近平氏，国際情勢緊迫で『全軍が戦争準備を』…軍を海外派遣する根拠法を整備へ」『読売新聞』

2022 年 3 月 8 日，https://www.yomiuri.co.jp/world/20220308-OYT1T50178/。

32　中華人民共和国反外国制裁法」中国人大網，2021 年 6 月 10 日，http://www.npc.gov.cn/npc/c30834/202106/d4a714d5813c4ad2ac54a5f0f78a5270.shtml。

33　麦燕庭「栗戦書：今年将『完善』渉外法律闘争 落実対港全面管治権」法国国際広播電台ホームページ，2022 年 3 月 8 日，https://rfi.my/8Emu。

［参考文献］

杜煥芳「堅持以習近平法治思想為指引 加快推進渉外法治体系和能力建設」『中国司法』2022（08），2022 年，6-11 頁。

黄文藝「習近平法治思想中的未来法治建設」『東方法学』2021（01），2021 年，25-36 頁。

黄文藝「推進中国式法治現代化 構建人類法治文明新形態——対党的二十大報告的法治要義闡釈」『中国法学』2022（06），2022 年，5-26 頁。

栗戦書「全国人民代表大会常務委員会工作報告——2022 年 3 月 8 日在第十三届全国人民代表大会第五次会議上」『中国人大』2022（06），2022 年，14-21 頁。

呂江「習近平法治思想中渉外法治話語生成与実践邏輯——以"一帯一路"倡議為視角」『法学評論』40（01），2022 年，1-16 頁。

馬懐徳「邁向"規劃"時代的法治中国建設」『中国法学』2021（03），2021 年，18-37 頁。

司法部全面依法治国研究中心「法治中国建設邁出堅実歩伐」『理論導報』2022（06），2022 年，17-20 頁。

王晨「堅持以習近平法治思想為指導 譜写新時代全面依法治国新篇章」『中国法学』2021（01），2021 年，5-10 頁。

王晨「在全面依法治国実践中担当尽責沿着中国特色社会主義法治道路闊歩前進」『中国法学』2019（06），2019 年，6-15 頁。

張婧「習近平法治思想中関於渉外法治的重要論述闡析」『中国司法』2021（09），18-24 頁。

趙駿顧，天傑「国際法律闘争的攻防策略与法治破局：以国内法為視角」『太平洋学報』30（07），2022 年，1-14 頁。

第5章

環境・気候変動対策と国際通商法
―― 「2050年カーボンニュートラル」と対抗措置・相互主義

はじめに

　人類の活動に伴う温室効果ガス[1]の排出による気候変動リスクが深刻化する中，各国で「脱炭素」に向けた取り組みが本格化している。

　地球温暖化の程度は，二酸化炭素をはじめとする温室効果ガスの累積排出量によってほぼ決まるとされているところ，温暖化の程度を受忍可能な水準（具体的には，工業化以前との比較で1.5℃程度以内の水準）に抑えるためには，2050年頃までに，温室効果ガスの排出を実質ゼロにする必要があるとされる[2]。日・米・欧をはじめ，数多くの国がこの「2050年カーボンニュートラル」目標へのコミットを表明し，さまざまな取り組みを開始している。

　2050年までの脱炭素社会の実現のためには，産業革命以来続いてきた化石燃料からの脱却をはじめとする，社会・経済構造の抜本的な転換が要求される。この人類史上有数の大転換を，わずか四半世紀強という時間軸で実現するためには，人類の知恵と力を結集し，排出削減のための取り組みを推し進めてゆく必要がある。

　その一方で，2020年以降の排出量削減に関する国際的な枠組みであるパリ協定（2015年採択）の下では，国別の排出削減目標の設定や，当該目標の達成に向けてどのような施策を行うかは，基本的に各国の裁量に委ねられている。各国の気候変動対策は施策のレベル感や内容も区々であり，脱炭素を巡る各国の利害関係は複雑化している。

　このような中，各国の政策相互の関係を調整し，フェアな競争条件を整える

ためのルールとして，WTO協定を中心とする国際通商法の役割が期待される。しかし，WTO協定については，加盟国間の利害の多様化などに伴いルールのアップデートが進んでおらず，気候変動対策との関係でも，各国の政策相互の関係を調整するための包括的なルールが整備される具体的な見通しは立っていない。もちろん，WTO協定が定める国際通商法の基本原則——例えば最恵国待遇，内国民待遇，数量制限の禁止，一般的例外など——の重要性は現在なお失われておらず，気候変動対策との関係でも，各国の政策間の調整にこれらの原理が適用できる場面は多くあると考えられる。ただし，そうした既存のルールについても，2019年12月の上級委員会の機能停止に伴いエンフォースメント機能が低下しており，多国間通商秩序はかつてほど盤石なものではなくなっている。実際にも，主要国の間では，特定国を狙い撃ちにした制裁関税や輸出入規制の強化，それに対する対抗的立法など，一方的措置あるいは対抗措置・相互主義的措置が目に見えて増加している。

　以上のように，地球温暖化対策については，もともと各国にトップダウン式に統一的な取り組みを求める国際制度が存在しない上，各国の政策相互間の関係を調整するルールとしての国際通商法秩序も相対化している。そうした状況下において，2050年までに，何とか地球全体で炭素排出実質ゼロを実現しようとするならば，各国が，国際協調の努力を継続しつつも，その成果が足りない部分については，ある程度単独主義的・相互主義的な発想をも取り入れながら，ともかくも，それぞれが最善と考える施策を推進してゆくということにならざるを得ない面があると考えられる。

　本章では，上記のような状況認識を前提としつつ，環境・気候変動対策と国際通商秩序の境界面で生じている最新の事象をケース・スタディ的に検討することとしたい。

　具体的には，① 各国の気候変動対策の違いに起因する競争条件の差異を調整するための仕組みとして，EUが導入を予定している炭素国境調整メカニズム（CBAM）を，また，② 気候変動対策と「経済安全保障」が交錯する措置として，米国のクリーン自動車補助金制度をそれぞれ取り上げ，これらを題材に，「2050年カーボンニュートラル」と，本書のテーマである対抗主義・相互主義との関係を検討することとしたい。

　以下では，まず第1節において2050年カーボンニュートラルに向けた世界の動きを概観した上で，第2節において①②の措置を個別に検討し，対抗主義・相互主義との関係を述べる。

第1節　2050年カーボンニュートラルに向けた世界の動き

1.　気候変動対策に関する国際的な枠組み

　気候変動対策に関する国際的な枠組みとしては，1992年5月に国連総会で採択され，1994年3月に発効した国際連合気候変動枠組条約（UNFCCC）が存在する。UNFCCC は，大気中の温室効果ガスの濃度を安定化させることを究極の目的とし，現時点で198カ国・機関が参加している。本条約に基づき，1995年から毎年，気候変動枠組条約締約国会議（COP）が開催されている。

　1997年12月に京都で開催された COP3 で「京都議定書」が採択され，2005年2月に発効した。京都議定書は，歴史上初めて，温室効果ガス削減の数値目標を定めた国際約束であり，2008年から2020年の期間を第一約束期間（2008〜2012年）と第二約束期間（2013〜2020年）に分けた上で，先進国に対し，共同で1990年比の削減目標を達成することを義務付けた。もっとも，先進国のみに義務を課す仕組みは主要国の離反を招き，米国は京都議定書に署名したものの締結せず，カナダは2012年12月に脱退した。日本も，第一約束期間について1990年比で6%の温室効果ガスの排出量削減目標を達成したものの，第二約束期間には参加しなかった。

　一方，パリ協定は，京都議定書に代わる2020年以降の温室効果ガス削減のための枠組みとして，2015年12月の COP21 で採択された。同協定は，「世界全体の平均気温の上昇を工業化以前よりも摂氏2℃高い水準を十分に下回るものに抑えること並びに世界全体の平均気温の上昇を工業化以前よりも摂氏1.5℃高い水準までのものに制限するための努力を……継続すること」（2条1項（a））という，いわゆる「2℃目標」と「1.5℃の追求」を掲げた。また，これらの目標を達成するための仕組みとして，各国が排出削減目標を自主的に設

定した上でその進捗状況を報告し，専門家によるレビューを受けるという「プレッジ＆レビュー」方式を採用した。こうした仕組みはソフトロー的といわれることもあるが，京都議定書の反省も踏まえ，各国の自主性を尊重する仕組みを採用することで，先進国・途上国を問わず，すべての国が排出削減の努力に加わることを実現した点で画期的な意義を有する。

　パリ協定で謳われた「2℃目標」と「1.5℃の追求」については，その後，「気候変動に関する政府間パネル」（IPCC）がUNFCCCの招請を受けて2018年10月に公表した「1.5℃特別報告書」[3]において，地球温暖化の程度を2℃ではなく1.5℃に抑えることに気候変動リスクの観点から明らかなメリットがあること，温暖化の程度をその水準に抑えるためには2030年までにCO_2排出を2010年比で45％程度削減し，2050年前後までには排出量を正味ゼロとする必要があることなどが示され，現時点での国際的なコンセンサスとなっている。2021年のCOP26で採択された「グラスゴー気候合意」や2022年のCOP27で採択された「シャルム・エル・シェイク実施計画」でも1.5度目標の追求が確認されている。

2. 各国による2050年カーボンニュートラルへのコミットの状況

　上記のような動きを背景に，世界の国々が，2050年カーボンニュートラル目標に続々とコミットしている。2021年4月時点までに当該目標へのコミットを表明した国は，世界125の国・地域（CO_2排出量で世界全体の37.7％）にのぼる[4]。

　また，パリ協定は，すべての国に対し，温室効果ガスの排出削減目標を「国が決定する貢献」（NDC）として定期的に提出・更新する義務を課しているところ（同協定4条2項及びCOP21決定1パラ23, 24），多くの国が，2050年に向けた「折り返し点」にあたる2030年に向けた削減目標を設定・公表している。日本でも，2020年10月26日，菅首相（当時）が，第203回国会の所信表明演説で2050年カーボンニュートラルを目指すことを宣言し[5]，2021年4月22日，米国主催の気候サミットにおいて，2030年度に温室効果ガスを2013年度から46％削減し，さらに50％の高みに向け挑戦を続けることを表明し

図表1　カーボンニュートラルに向けた主要国の温室効果ガス削減目標

国	2030年における削減目標	カーボンニュートラル達成年
日本	2013年度比で46%減，50%の高みに向けて挑戦	2050年
EU	1990年比で少なくとも55%減	2050年
英国	1990年比で少なくとも68%減	2050年
米国	2005年比50〜52%減	2050年
カナダ	2005年比で40〜45%減	2050年
オーストラリア	2005年比で43%減	2050年
中国	2030年までにCO$_2$排出を減少に転換（ピークアウト）	2060年
ロシア	1990年比で30%減	2060年
インド	2030年までにエネルギーの50%を再エネで賄う	2070年

（出典）各国のNDCについては外務省ウェブサイト（https://www.mofa.go.jp/mofaj/ic/ch/page
1w_000121.html）及び国連ウェブサイト「NDC Registry」（https://unfccc.int/NDCREG）
参照。

た[6]。

　一方，中国（世界最大のCO$_2$排出国）やインドは2050年カーボンニュート
ラルにはコミットしていないものの，それぞれ2060年，2070年に実質排出ゼ
ロを実現することを表明している。

3.　脱炭素社会を実現するための政策手法

　2050年カーボンニュートラルを実現するためには，産業革命以来人類が依
存を続けてきた化石燃料からの脱却を含む，世界の産業構造や人々の生活様式
の根本的な変革が必要となる。その実現は並大抵の努力ではできず，各国にお
いてあらゆるリソースを総動員する必要がある。

　環境・気候変動対策を実施するために政府が行う政策手法としては，伝統的
には，排出ガス基準に代表されるような規制的手法が重視されてきた。しか
し，近年では，規制的手法以外も含め，多種多様な政策手段を組み合わせて政
策パッケージ（ポリシーミックス）を形成し，施策相互の間で相乗効果を発揮
させることが行われている。1993年に成立したわが国の環境基本法でも，第2

章第5節「国が講ずる環境の保全のための施策等」において，政府が各種の施策を総合的に推進すべきことが確認されており，また，同法に基づいて政府が策定する環境基本計画では，環境政策の代表的な手法として，直接規制的手法，枠組規制的手法，経済的手法，自主的取組手法，情報的手法，手続的手法，事業的手法といった各種の政策手法に言及がなされている[7]。

　これらの政策手法の中でも，気候変動対策・脱炭素の文脈で近年特に重要性を増しているものとして，経済的手法が挙げられる。

　経済的手法のうち，炭素を排出する活動に対する負のインセンティブを与える措置として，炭素に価格を付けて排出にコスト負担を課す「カーボンプライシング」がある。カーボンプライシングは，既に欧州などで導入されているほか，日本でも，本格的な導入に向けた法整備の動きが進んでいる。

　カーボンプライシングの代表的なものとして，炭素排出量に比例した課税を行う炭素税と，国（域）内の炭素排出総量に上限を設けた上で，事業者間で「排出できる権利（排出枠）」に値段を付けて取引する国内排出量取引（キャップアンドトレード）制度が挙げられる。これらは，いずれも「CO_2排出1トンあたりいくら」という形で排出量に比例したコストを課す措置であり，「明示的カーボンプライシング」と呼ばれることがある。逆に，カーボンプライシングのうち，各種のエネルギー課税，自動車重量税，さらには省エネ規制の遵守コストのように，必ずしも排出量に比例しない形で間接的にコスト負担が生じるものは「暗示的カーボンプライシング」と呼ばれる。

　一方，経済的手法のうち，気候変動対策・脱炭素に資する活動に正のインセンティブを与える措置として，政府等による補助金がある。補助金の形態には，政府等による現金や現物給付のほか，市場の条件より有利な投融資，税の減免（税制恩典），さらには再エネ電力を政府等が固定価格ないしプレミアム価格で買い取るFIT・FIP制度など，さまざまなものが含まれる。補助金の交付主体についても，狭義の政府（中央政府，地方政府）のほか，政府系金融機関や国有企業などさまざまな主体が含まれ得る。また，補助金の交付対象に着目した区別として，生産者に交付される補助金（生産補助金）と，消費者・需要者に支給される補助金（購入補助金）がある。

第2節　環境・気候変動対策と国際通商法の境界面における　最新事象（ケース・スタディ）

気候変動対策に関する各国の取り組みの違いが国際的な競争条件に影響を及ぼし，あるいは国家間の摩擦をもたらすなど，国際通商上の問題に発展することがある。

本節では，こうした環境・気候変動対策と国際通商法の境界面における最新事象として，①EUが導入を予定している炭素国境調整メカニズム（CBAM）と，②2022年8月に成立した米国のインフレ抑制法に基づくクリーン自動車補助金制度の2つをケース・スタディとして取り上げる。以下，それぞれについて施策の概要を説明した上で，国際通商法（WTO協定）上の論点の検討を行い，また，本書のテーマである対抗措置・相互主義との関係を考察する。

1. 規制レベルの異なる国の間の競争条件の調整
　～EUの炭素国境調整メカニズム（CBAM）

ある国で，温室効果ガスの排出削減のため，炭素税や排出量取引その他の措置により排出へのコスト賦課を行った場合に，国内生産者が，規制コストの低い外国に生産拠点を移転させたり，あるいは規制の緩い外国から炭素コストの含まれない安価な製品が流入し，脱炭素に向けた政策効果が削がれてしまうという「カーボンリーケージ」の問題が生じうる。これを防止するため，①輸入品に対し，水際で，生産過程における排出量に応じて国産品と同様の排出コストを賦課したり，逆に，②自国で生産された産品の輸出に際し，国内で負担した排出コストを還付することにより国家間の競争条件を調整しカーボンリーケージを防止する必要性が議論されている。こうした調整措置は炭素国境調整（CBAM：carbon border adjustment mechanism）と呼ばれる。

本来，CBAMのような国際通商に影響を及ぼす措置については，理想的には，国際協定などに基づいて全世界で統一的な運用を行うことが好ましいとも考えられる。しかしながら，今のところ，パリ協定などの気候変動対策に関する国際的枠組みや，WTO協定などの国際通商に関する多国間協定に，排出コ

図表2　炭素国境調整（CBAM）のイメージ

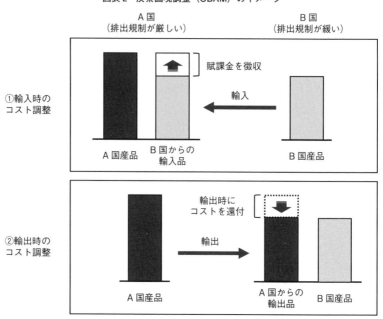

ストの国境調整に関する具体的なルールは存在しない。そのため，各国で，独自の措置として CBAM の導入が検討されている。中でも EU は，CBAM を2026年から本格実施することを予定しており，これに先立つ2023年10月1日から輸入品に関する排出量等の報告義務が課される見込みである。

（1）措置の概要

EU における CBAM 導入の背景・経緯

　EU では，2019年12月に欧州委員会が発表した，2050年までの気候中立達成に向けたロードマップである「欧州グリーンディール」[8]で，CBAM の導入が提唱された。その後，2021年6月30日に成立した欧州気候法（同年7月9日官報公布）で，2030年までに温室効果ガスの排出を1990年比で少なくとも55％削減する目標が掲げられた。これを踏まえ，欧州委員会は，2021年7月，55％削減目標を実現するための政策パッケージ「Fit for 55」[9]を発表した。この Fit for 55 の中で，欧州排出取引制度（EU-ETS）の大幅強化，2035年まで

のガソリン自動車の実質禁止などと並ぶ目玉施策のひとつとして，CBAM の導入が盛り込まれた。

EU の CBAM は，Fit for 55 を構成する別の施策である欧州排出取引制度（EU-ETS）の強化とセットで設計されており，両者の関係の理解が不可欠である。EU-ETS は，欧州圏内で温室効果ガス削減目標を達成するための取組みとして 2005 年 1 月に運用が開始された世界最大の排出量取引制度であり，EU 加盟国のほか，アイスランド，リヒテンシュタイン，ノルウェー，スイスが参加している。EU-ETS の適用期間はフェーズ 1 から 4 までの 4 つの期間に分類され（図表 3），これまで段階的に，適用範囲の拡大や排出総量の削減といった運用強化が行われてきた。

一般に，排出量取引制度の設計は，大きく，① 過去の排出実績や一定のベンチマークに基づいて政府が予め企業に無償で排出枠を配分した上で，過不足分のみを企業間で取引するという「無償割当方式」と，② 企業が排出枠を全て取引市場から有償で調達する「有償割当（オークション）方式」に分けられる（図表 5）。EU-ETS の場合，第 1 フェーズ・第 2 フェーズでは，既得権益

図表 3　EU-ETS の 4 フェーズ

第 1 フェーズ	2005〜2007 年	第 3 フェーズ	2013〜2020 年
第 2 フェーズ	2008〜2012 年	第 4 フェーズ	2021〜2030 年

図表 4　EU-ETS の概要（第 4 フェーズ）

参加国	● EU 加盟国，アイスランド，リヒテンシュタイン，ノルウェー，スイス
長期目標	● 2030 年における ETS 対象設備の排出量を 2005 年比 43％減
対象物質	● CO_2，CH_4，N_2O，HFC，PFC，SF_6
対象部門	●火力発電などの発電，鉄鋼・セメント・石油精製などのエネルギー多消費産業，EEA 内の航空便　等
対象者数	●固定施設合計 12,074 ●航空会社 524
カバー率	● EU 排出量の 40％
排出枠の割当方式	●有償割当（オークション）と無償割当を併用 ●原則として有償割当を採用しつつ，カーボンリーケージリスクが特に高い業種については，全量又は一部をベンチマークで無償割当

図表5　排出量取引制度における無償割当方式と有償割当方式

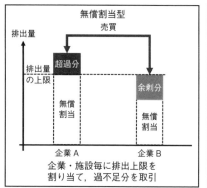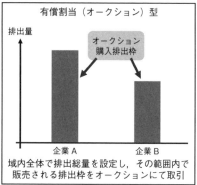

（出典）環境省「カーボンプライシングの活用に関する小委員会」第20回会合（2022年3月28日）「資料1」（https://www.env.go.jp/council/06earth/20_5.html）を基に作成。

を考慮した無償割当方式が採用されていたが，第3フェーズ以降は有償割当方式が併用されるようになった。しかし，現行制度の下でも，カーボンリーケージリスクが特に高いとされる鉄鋼等の指定業種については，域外との競争条件への影響を考慮して，ベンチマーク方式による無償割当が継続していた。

　今般のEU-ETSの改正案では，Fit for 55の目標である2030年までの欧州域内における排出量55％削減（1990年比）に合わせて，EU-ETSの排出枠の上限（キャップ）の毎年の削減率を引き上げるとともに，これまで継続してきた排出枠の無償割当を2026年以降段階的に削減し，最終的に撤廃することが構想されている。これに伴い欧州域内での生産コストの上昇が見込まれるため，無償割当の削減・廃止対象となる産業分野において，域外からの輸入品にもEU-ETSの排出枠価格に相当する賦課金を課すことにより，域内産品と域外産品の競争条件を調整しようというのがCBAMの狙いである。

　前述したように，一般に，炭素国境調整と呼ばれる措置には，輸入品に対する炭素賦課金の徴収のほか，域内産品の輸出に際して域内の炭素コストを還付する措置も含まれうる。今のところ，EUが導入を予定しているCBAMでは，前者の措置のみが盛り込まれている。

　CBAMの導入とEU-ETSの改正については，2021年7月14日，Fit for 55の公表に合わせる形で，2つの施策に関する規則案が欧州委員会から同時に公

表された[10]。その後，欧州連合理事会と欧州議会による検討を経て，いずれも2022年12月，両機関の間で暫定的な政治合意がなされている[11]。今後，欧州連合理事会と欧州議会による正式な採択を経て，2023年10月1日から，CBAM 導入に向けた移行期間として輸入品の炭素排出量の申告義務化がなされ，2026年から賦課金の支払が義務化される見込みとなっている。

CBAM の具体的内容

　欧州連合理事会と欧州議会の間で暫定合意された CBAM 規則案[12]やプレスリリース[13]によれば，制度の内容は次のとおりである。

　まず CBAM の対象産品は，2021年7月の欧州委員会規則案ではセメント，電気，肥料，鉄鋼，およびアルミニウムとされていたが，2022年12月の暫定合意では水素も対象に追加された。なお，これに合わせて，EU-ETS の無償排出枠の削減・廃止対象にも水素が追加された。さらに，暫定合意では，一部の原材料（precursor），鉄製のねじ，ボルトといった川下製品も CBAM の対象とされ，また，一定の条件の下で間接排出にも CBAM が適用されることとなった。今後，有機化学品やポリマーなど追加的な産品，生産過程における間接排出，さらなる川下製品への適用の拡大も検討される。

　CBAM の具体的な運用は，暫定合意にかかる規則案によればおおむね次のとおりとなる。まず，対象産品の輸入者（規則案3条13号および13a号参照）は，予め当局の認証を受けた上で（17条），当局から CBAM 証書（一種の排出権）を購入し（20条），毎年5月末までに，前年の排出量に対応する証書数の償却を行うこととされる（22条）。CBAM 証書の価格は，前週の EU-ETS排出枠オークションの終値の平均価格とされる（21条）。輸入者が原産国で炭素コストを負担した場合には，実負担額を申告することにより，償却するCBAM 証書数を削減することができる。ただし，原産国における炭素コストの立証責任は輸入者側にあり，負担を証明するための記録について第三者の認証を得た上で記録を保管することなど一定の手続的要件が課されている（9条）。輸入者は，毎年5月末日までに，前年における対象産品の輸入量，当該産品の生産過程における排出量，排出量に対応する CBAM 証書の償却数等を当局に申告しなければならない（6条）。

図表6　EU CBAM の概要

項　目	概　要
趣旨・目的	● カーボンリーケージの防止 ● EU-ETS における無償排出枠割当ての削減に代わる制度との位置付け
導入時期	● 2026 年から本格運用開始。 ● 2023 年 10 月 1 日に移行期間が開始し，輸入者には排出量等の報告義務が課される
対象産品	● セメント，電気，肥料，鉄鋼，アルミニウム及び水素，並びにこれらに関連する一定の産品
CBAM 証書（排出権）	● 申告者（輸入者）は，当局から CBAM 証書（一種の排出権）を購入し，毎年 5 月末までに，前年の排出量に対応する証書数の償却を行う。CBAM 証書の価格は，前週の EU-ETS 排出枠オークションの終値の平均価格 ● 輸入者は，原産国で実負担した炭素価格に応じて，償却する CBAM 証書数を削減可能 ● 輸入者は，毎年 5 月末日までに，前年における対象産品の輸入量，当該産品の生産過程における排出量，排出量に対応する CBAM 証書の償却数等を当局に申告
その他の手続	● 対象産品の輸入者は，事前に CBAM 当局から認証を受ける ● 排出量の計算については一定の方法に従う必要があり，認証機関による認証が必要
適用除外	● アイスランド，リヒテンシュタイン，ノルウェー，スイスは適用除外

（出典）欧州連合理事会・欧州議会の暫定合意にかかる規則案（注12）等に基づく。

　EU 非加盟国のうち，EU-ETS に参加しているアイスランド，リヒテンシュタイン，ノルウェーおよびスイスの 4 カ国からの輸入については CBAM の適用が除外される（2 条 3 項，附属書 IIA）。

　CBAM の運用開始時期については，EU-ETS の無償排出枠の削減・撤廃が 2026～2034 年の 9 年間で行われる[14]ことに対応して，2026 年から CBAM に基づく賦課金の徴収（CBAM 証書の償却）が開始されることとされている。また，これに先立つ移行期間として，2023 年 10 月 1 日以降，輸入者に対し，輸入品の生産過程で排出された温室効果ガスの排出量等を記載した報告書（CBAM レポート）の提出義務が課される予定である。

(2) CBAM をめぐる WTO 協定上の論点

　EU の CBAM は，対象分野の産品の輸入に際し，EU 域内の炭素排出コストに相当する賦課金の徴収を行う点で，輸入品に対する貿易制限効果を有してお

り，WTO 協定上さまざまな法的論点が生じうる。対象産品の EU への輸入に占める割合については，ロシア，中国，インドなどが上位に名前を連ねているところ，これらの国は反発を強めており，一部には WTO 提訴を示唆する動きもある。また，南アフリカや米国などからも CBAM の WTO 協定整合性に関する懸念が表明されている。

GATT 等の実体規定との関係

　CBAM を通じた輸入時の EU-ETS 排出枠相当の賦課金の徴収（CBAM 証書の購入義務）の法的性質については議論がある。

　まず，CBAM を水際措置と整理した場合には，さらに，CBAM による賦課金の徴収が「関税又はこれに類する課徴金」なのか，それ以外の貿易制限なのかが問題となる。前者に該当するとすれば，水際で徴収される金額の総額が産品毎の譲許税率を超えることとなる限度において，GATT 2 条の関税譲許原則に抵触する。一方，後者に該当する場合には，GATT 11 条 1 項が定める「関税その他の課徴金以外のいかなる禁止または制限」の禁止に抵触する可能性がある。

　一方，CBAM は，実質的には，EU の域内制度である EU-ETS を，域内産品だけでなく輸入品にも適用する仕組みと捉えることも可能であり，その意味

図表 7　CBAM の法的性質と抵触が問題となる GATT の実体規定の関係

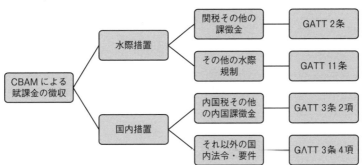

（注）CBAM を巡る WTO 協定上の論点の整理については，例えば Joost Pauwelyn and David Kleimann, *Trade Related Aspects of a Carbon Border Adjustment Mechanism. A Legal Assessment*, April 2020, https://www.europarl.europa.eu/cmsdata/210514/EXPO_BRI（2020）603502_EN.pdf 参照。

では国内措置と位置づける方が自然ではないかとも考えられる。その場合，GATT 3条が定める内国民待遇義務との抵触が主に問題となる。より具体的には，CBAM証書の購入というコスト負担が「内国税その他の内国課徴金」であると整理すればGATT 3条2項の問題に，それ以外の「国内における販売，販売のための提供，購入，輸送，分配または使用に関するすべての法令および要件」に該当すると整理すればGATT 3条4項の問題となる。

　いずれの場合にも，内国民待遇義務への抵触の有無は，基本的には① 原産地が異なる「同種」の産品間に，② 差別的な取り扱いがなされているかという枠組みで判断される。まず① については，一般に，「同種」性は，産品間の市場における競争関係に関する概念とされるところ，CBAMは，そもそもEU域内の原産品とEU域外からの輸入品との間に市場での競争・代替関係があることを前提として，産品間のコスト調整を行うという制度であるから，そうした制度趣旨自体から「同種」性は当然に認められると考えられる。次に② については，EU-ETSとCBAMを一体として見れば，域内産品にはもともとEU-ETSのコストが賦課されているところ，CBAMは，これを輸入品にも拡大する制度と見ることができ，その意味で，域内原産品と域外原産品の扱いは実質的に平等である（輸入品に対し域内原産品と比較して「不利」な扱いがされていない），との議論もありうると思われる。もっとも，輸入品の原産国でもカーボンプライシング等を通じて炭素コスト負担が生じているにもかかわらず，CBAMの運用上，そうしたコストが適切に考慮されないといった事情があれば，輸入品に対してだけ，原産国でのコストとCBAMによるコストが二重に課される結果となり，その点で輸入品が不利になることも想定される。

　以上のほか，CBAMは，EU-ETSに参加しているアイスランド，リヒテンシュタイン，ノルウェーおよびスイスについては適用が除外されているところ，この点については最恵国待遇義務（GATT 1条）違反となる可能性がある。実質的に見れば，これらの国の産品には既にEU-ETSのコストが課されていることから，他の国からの輸入品に対するCBAMの賦課金と釣り合いが取れているという見方もあると思われるが，先例上，GATT 1条への抵触は外形的・形式的に判断される傾向にあるため，同条への抵触は一旦肯定された

上で，例外規定による正当化の問題とされることも想定される。

　なお，今後，輸入品に対する賦課金の徴収に加え，域内原産品の輸出時の還付制度が導入された場合には，補助金協定上の輸出補助金（3.1 条（a））該当性，内国税の輸出還付に関する除外規定（補助金協定脚注1）の適用の可否などが別途論点になりうる。

一般的例外（GATT 20 条）による正当化の可能性

　仮に CBAM が GATT の実体規定に抵触した場合には，さらに，GATT 20 条の一般的例外による正当化が問題となる。

　CBAM は，2030 年までに排出量を 55％削減（1990 年比）することに向けた政策パッケージである Fit for 55 の一部をなす，温室効果ガス削減のための施策である。この意味で，人や動植物の生命・健康の保護のために必要な措置，あるいは「清浄な大気」という有限天然資源の保存に関する措置と整理することができ[15]，GATT 20 条（b）項や（g）項による正当化の可能性が考えられる。このほか，EU-ETS という EU の域内制度の実効性を担保するという CBAM の目的・性格に鑑みると，20 条（d）項にいう「この協定［注：GATT］の規定に反しない法令……の遵守を確保するために必要な措置」に該当する可能性も考えられる。

　一方で，*US – Shrimp* 事件における上級委員会の判断で示されたように，ある措置が GATT 20 条の個別パラグラフの要件を満たす場合でも，同条の柱書に照らし，当該措置の適用が単一，硬直的かつ柔軟性を欠いており，輸出国側の置かれた個別の状況を考慮せず，事実上，自国と同じ政策を他国に強要するに等しいような効果を持つ場合には，20 条による正当化は否定される[16]。制度の運用次第ではあるものの，仮に CBAM の実施に際し，輸出国側でも明示的・暗示的カーボンプライシングを通じて炭素コスト負担がなされているにもかかわらず，EU が正当と認める方法でなければ CBAM の控除対象として考慮しないといった硬直的な運用がなされた場合には，事実上，他国に対し EU と全く同様の制度の導入を強要するに等しいような効果が生じることも考えられる。そうした場合には，「同様の条件の下にある諸国の間において任意の若しくは正当と認められない差別待遇の手段」ないし「国際貿易の偽装された制

限」であるとして，柱書の要件を満たさないとの判断がなされる可能性も潜在的にはあると思われる。

(3) 小括

　CBAM は，気候変動対策をめぐり，炭素税や国内排出量取引制度といった規制を積極的に導入する国と，規制が緩く排出コストも低い国との間の競争条件の格差から生じるカーボンリーケージのリスクに対処するための仕組みである。先進国と途上国など，国によって気候変動対策のレベル感が相当異なることを前提とすれば，CBAM の仕組み自体は理論的にも正当であり，実際にも地球温暖化対策に貢献することが期待できる。

　また，前述のように，CBAM のような国際通商に影響を及ぼす措置については，理想的には何らかの国際協調に基づいて実施することが望ましいとも考えられるが，現時点でそうした国際合意が存在しない以上，EU のように，いわば見切り発車的に，単独主義的措置として CBAM を導入することにもやむを得ない面があると考えられる。ただ，同時に，CBAM が独自措置として実施されることの関係で，措置国が，気候変動対策を口実として，輸入品に過剰な負担を課し，国内産業を不当に優遇するのではないかといった懸念は常につきまとう。そうした恣意的・濫用的な運用をどのように防止するかが重要な課題となろう。

　CBAM の実際の運用に際しては，輸出国と輸入国における炭素コストの二重賦課（あるいは国内産品の過剰な保護）を防止することがとりわけ重要と考えられる。そのためには，いかにして産品の生産過程における排出量を正確に把握し，かつ，輸出国側で負担された炭素コストを賦課金から適切に控除できるかが鍵となると考えられる。輸出国側における炭素コストの控除にあたっては，炭素税や排出量取引制度（明示的カーボンプライシング）のように負担額が比較的明確なものもあれば，規制の遵守コスト（暗示的カーボンプライシング）のように定量化が容易ではない（あるいは定量化の手法が一意に決まらない）ものもある。仮に，CBAM を実施する国が，輸出国側で負担された排出コストの控除に際し，特定の算定方法に固執して過度に厳格な方式を要求するようなことがあれば，GATT 20 条柱書等への整合性が問題になる可能性もあ

ることは上述したとおりである。CBAM のような国境調整が円滑かつ調和的
に運用されるためには，産品の生産過程で排出した炭素量や炭素コストを定量
化するための国際的なスタンダードや会計基準といった仕組み作りも重要とな
ると思われる[17]。

2.　環境・気候変動対策と経済安全保障～米国のクリーン自動車補助金

　近時，環境・気候変動対策と「（経済）安全保障」が交錯する現象が見られる。
　まず，伝統的な安全保障概念との関係では，気候変動による高温，大雨・洪
水，干ばつ，巨大熱帯低気圧，海面上昇といった現象が深刻化し，紛争や暴力
の根源的要因になることなどが懸念されている。また，2022 年 2 月のロシア
によるウクライナ侵攻に伴い，石油や天然ガスの供給の逼迫，エネルギー価格
の高騰といった事象が生じ，いわゆるエネルギー安全保障の観点からも，再エ
ネの推進といった気候変動対策と安全保障の関係が注目された。気候変動と安
全保障の交錯は，「気候安全保障（climate security）」や気候の「安全保障問
題化（securitisation）」と呼ばれ，国連安全保障理事会や G7 といった場でも
取り上げられている。
　さらに，ここ最近，いわゆる「経済」安全保障的な見地から，気候変動対策
に関係する産業分野の強化・育成策を講じたり，気候変動対策と関連の深い戦
略物資の国産化やサプライチェーンの強化を図る動きが見られる。日本でも，
2022 年 5 月に成立した経済安全保障推進法（経済施策を一体的に講ずること
による安全保障の確保の推進に関する法律，令和 4 年法律 43 号）の下で，脱
炭素社会に向けて重要性が増している蓄電池が「特定重要物資」に指定さ
れ[18]，経済安全保障と環境・脱炭素の関係が意識されるようになっている。ま
た，米国では，さらに進んで，気候変動対策を自国の外交政策・国家安全保障
政策の問題と位置付けた上で，中国への対抗といった思惑も絡めつつ，巨額の
予算を投じて脱炭素投資の促進や産業支援を進めている。
　以下で扱うクリーン自動車補助金は，こうした気候変動と経済安全保障が交
錯する措置のひとつに位置づけられる。

(1) 措置の概要

クリーン自動車補助金導入の背景・経緯

　2021年1月20日に発足した米国のバイデン政権は，就任初日に，トランプ政権下で米国が脱退していたパリ協定への復帰に関する文書に署名し[19]（正式な復帰は同年2月19日），同年4月の米国主催の気候サミットに合わせて，2050年カーボンニュートラルの達成と2030年までの排出量50〜52%削減（2005年比）目標を発表するなど[20]，気候変動対策を最重要政策のひとつに掲げている。

　2021年1月27日に発出した「国内外での気候危機に対処するための大統領令」[21]では，「気候危機を外交政策及び国家安全保障政策の中核に位置づける」ことを明言した上で，2035年までの電力部門の脱炭素化，電気自動車（EV）等のクリーン自動車の普及，化石燃料補助金の削減，2030年までの洋上風力発電の倍増等といった施策を打ち出した。さらに，2022年8月16日に成立した2022年インフレ抑制法（Inflation Reduction Act of 2022）[22]では，エネルギー安全保障と気候変動対策に関し，再生可能エネルギーの導入推進，製造業や運輸部門の脱炭素化，水素の生産拡大などのため，今後10年間で3690億ドル規模の補助金や税制優遇を行うこととしている。

　これら一連の施策の中でも，クリーン自動車の普及促進に向けた施策としては，2021年8月5日付の大統領令により，2030年までに米国内で販売される新車（乗用車および小型トラック）の50%以上を蓄電池式電気自動車（BEV），プラグインハイブリッド車（PHEV）および燃料電池車（FCV）とする方針が示された[23]。そして，同年11月15日に成立したインフラ投資雇用法（IIJA）[24]では，2030年までに全国50万カ所にEV向け充電ステーションを設置するためのプログラムに75億ドルの予算が措置された。

　米国は，EV生産に不可欠な蓄電池やその原材料となる鉱物資源について，国内生産促進やサプライチェーン強靭化のための施策も推進している。2022年10月19日，米国エネルギー省は，インフラ投資雇用法に基づき，20社のプロジェクトを対象に総額28億ドルの助成金を交付することを発表した[25]。また，本節で扱うクリーン自動車補助金制度は，補助金の受給要件として蓄電池およびその原材料の域内調達要件を課すことにより，米国および北米を中心

とする友好国における生産基盤や供給網の強化を図るという内容となっている。

　これらの施策に関連して，バイデン大統領は，中国の不公正な貿易慣行により，EV 用蓄電池生産の 75％ が中国で行われ，蓄電池部品及び鉱物資源の半分近くを中国に依存する状況に立ち至ったとの不満を表明した上で，米国が「ゲームに復帰する」ために大胆な施策を行う必要がある旨を述べ，中国への対抗意識を鮮明にしている[26]。

クリーン自動車補助金の具体的内容

　米国には，これまでにも，米国内国歳入法典（Internal Revenue Code of 1986）§ 30D に基づく「適格プラグイン電気自動車クレジット（Qualified Plug-in Electric Drive Motor Vehicle Credit）」と呼ばれる制度が存在した。この制度の下では，一定の EV の購入に際し，生産国にかかわらず，所得税の税額控除の形で最大 7,500 ドルの補助金（ただし，各メーカーの累計 EV 生産台数に応じて徐々に削減し，最終的にはゼロになる）の受給が可能であった。

　2022 年インフレ抑制法では，米国内国歳入法典の改正により，制度の名称が「クリーン自動車クレジット（Clean Vehicle Credit）」に改められるとともに，補助金の受給要件等の抜本的な見直しが行われた。新制度は，原則として 2023 年 1 月以降に米国で販売される自動車に適用され，2032 年 12 月 31 日までの時限措置とされている（米国内国歳入法典 § 30D（h）。以下特に断らない限り条文番号は同法のものとする）。ただし，下記に述べる完成車の北米での組み立て要件は 2022 年 8 月 17 日から適用されている。

　改正後のクリーン自動車補助金制度の主なポイントは以下のとおりである。

　まず，新車購入時の補助対象となる「クリーン自動車（new clean vehicle）」の要件としては，① 認定を受けた製造業者（qualified manufacturer）によって生産されること，② 蓄電池から得られる電気で駆動されるモーターを重要な動力源とする自動車であること，③ 完成車の最終組み立てが北米（米国，カナダまたはメキシコ）で行われること[27]などが要求されている（§ 30D（d）（1））。

　クリーン自動車の購入者には，一定の要件を満たした場合に，最大 7,500 ド

ルが所得税の税額控除の形で支給される。具体的には，蓄電池に使用される重要鉱物資源（critical mineral）について，図表8に示す割合が米国または米国との間で自由貿易協定を締結している国で採掘若しくは精製され，または北米でリサイクルされている場合には，3,750ドルまでの税額控除が認められる（§30D(b)(2)，§30D(e)(1)）。また，蓄電池部品について，図表9に示す割合（価額ベース）が北米で生産または組み立てられている場合には，上記とは別に3,750ドルまでの税額控除が認められる（§30D(b)(3)，§30D(e)(2)）。

　さらに，2024年以降，「懸念のある外国企業（foreign entity of concern）」によって製造又は組み立てがされた蓄電池部品を搭載する自動車は，本制度の対象となる「クリーン自動車」から除外されることとされている。また，2025年以降は，懸念のある外国企業から調達した重要鉱物資源を含有する蓄電池を搭載する自動車も除外される（§30D(d)(7)(A)，(B)）。

　「懸念のある外国企業」については，インフラ投資雇用法40207条(a)(5)で定義されており，①米国移民国籍法に基づいて指定される外国テロリスト組織，②OFACのSDNリストに掲載されている団体，③10 USC§2533c(d)で「対象国（covered nation）」として指定された国に所有もしくは支配される団体，又はこれらの国の政府の管轄もしくは命令に服する団体などが含まれる。特に，③の「対象国」として，北朝鮮，ロシア，イランのほか，中国も指定されていることから，中国産の部品や鉱物資源を使った蓄電池を搭載した自動車は，広く補助金の対象外とされる可能性がある。

　以上のほか，従来制度の下では，補助金支給についてメーカー毎の台数制限（2009年以降米国で販売したEV台数が20万台に達した後は適用停止）が設けられていたが，この上限は撤廃された。一方，新たに，購入者の所得制限や新車の推奨販売価格の上限が導入された（§30D(f)(10)，(11)）。

図表8　米国クリーン自動車補助金制度における域内調達率要件

年	2023	2024	2025	2026	2027	2028	2029	2030
重要鉱物資源の域内調達率	40%	50%	60%	70%	80%	80%	80%	80%
蓄電池部品の域内調達率	50%	60%	60%	70%	80%	90%	100%	100%

　なお，本制度については，実施に向けたガイダンスが 2022 年 12 月 31 日までに公表されることになっていたが（§ 30D(e)(3)(B)），その後 2023 年 3 月に延期され，代わりに 2022 年 12 月 29 日，財務省から上記ガイダンスの方向

図表 9　クリーン自動車補助金制度の概要

項　　目	概　　要
クリーン自動車の定義・要件（§ 30D(d)）	●認定を受けた製造業者によって生産されること ●車重が 14,000 ポンド未満であること ●蓄電池（7 キロワット時以上の容量を持ち，外部から充電可能なもの）から得られる電気で駆動されるモーターを重要な動力源とすること ●最終組み立てが北米で行われること　等
制度の適用時期（§ 30D(h)）	● 2023 年 1 月 1 日～2032 年 12 月 31 日 ●完成車の北米組立要件は 2022 年 8 月 17 日から適用 ●経過措置等一定の例外あり
補助金（税額控除）の金額（§ 30D(b)(2)-(3)）	●クリーン自動車の新車購入費用について，総額 7,500 ドルまで所得税を税額控除 ●重要鉱物資源および蓄電池部品のそれぞれについて域内調達要件が満たされた場合に，最大 3,750 ドルずつの税額控除を適用
重要鉱物資源の域内調達要件（§ 30D(e)(1)）	●蓄電池に使用される重要鉱物資源について，一定割合以上が米国又は米国との間で自由貿易協定を締結している国で採掘若しくは精製され，又は北米でリサイクルされている場合には，3,750 ドルまでの税額控除を適用 ●域内調達率の下限は 2023～2027 年にかけて 40～80％に段階的に引き上げ
蓄電池部品の域内調達要件（§ 30D(e)(2)）	●蓄電池部品について，一定割合以上が北米で生産または組み立てられている場合には，3,750 ドルまでの税額控除を適用 ●域内調達率の下限は 2023～2029 年にかけて 50～100％に段階的に引き上げ
懸念のある外国企業の排除（§ 30D(d)(7)）	● 2024 年以降，インフラ投資雇用法 40207 条(a)(5) で定義される「懸念のある外国企業（foreign entity of concern）」によって製造又は組み立てがされた蓄電池部品を搭載する自動車を「クリーン自動車」から除外 ● 2025 年以降，懸念のある外国企業から調達した重要鉱物資源を含有する蓄電池を搭載する自動車を「クリーン自動車」から除外
推奨販売価格の上限（§ 30D(f)(11)）	● SUV，バンおよびピックアップトラック：8 万ドル ●その他の自動車：5 万 5000 ドル
購入者の所得制限（§ 30D(f)(10)）	●夫婦合算申告者：300,000 ドル ●世帯主：225,000 ドル ●それ以外について 150,000 ドル

（注）条文番号は，米国内国歳入法典（インフレ抑制法による改正後）のもの。

性を示した文書や FAQ などの資料が公表されている[28]。

(2)　クリーン自動車補助金をめぐる WTO 協定上の論点

　EV 等，CO_2 を排出しないクリーン自動車の普及を通じた交通・輸送部門の脱炭素化は，2050 年カーボンニュートラルを実現するために不可欠であり，気候変動対策としての有効性に疑いの余地はない。もっとも，米国のクリーン自動車補助金は，クリーン自動車の普及促進という単なる気候変動対策を超えて，経済安全保障的な視点（あるいは「中国外し」の考慮）から，完成車，蓄電池，蓄電池の原材料に関し，自国および友好国の産業の保護・育成，投資誘致，サプライチェーン強化を図るという色彩が強い。また，日本や EU といった同盟国にとっても，米国の措置は自国産業を競争上不利にするとともに，自国企業や生産拠点の国外流出を招きかねないものといえる。そのため，措置の WTO 協定整合性について懸念の声が多く上がっている[29]。

GATT 等の無差別原則との関係

　まず，GATT 等の無差別原則との関係では，クリーン自動車補助金制度の下では，所得税控除を受けるためには完成車の最終組立が北米（米国，カナダ，メキシコ）で行われていることが要求される。これは，米国，カナダ，メキシコ原産の自動車と他国原産の自動車との間で差別的な待遇を行うものといえ，米国産の自動車を他国産の自動車よりも優遇する点において内国民待遇義務（GATT 3 条）に，カナダおよびメキシコ原産の自動車と他国産の自動車を差別する点において最恵国待遇義務（GATT 1 条）に抵触する可能性がある。

　また，蓄電池部品や重要鉱物資源について，米国または特定の友好国からの域内調達の達成を求めている点は，いわゆるローカルコンテント要件にほかならず，内国民待遇義務および最恵国待遇義務に抵触する可能性が高い。

　さらに，これらの域内生産・域内調達要件は，クリーン自動車や蓄電池等の開発・生産に関する投資誘致策としての性格を有していることから，TRIMs 協定 2 条との抵触可能性も問題になる。

補助金協定との関係

　米国の措置は，所得税控除の要件として，完成車や蓄電池の部品・原材料を米国または特定の友好国から購入・調達することを要求しているところ，米国原産品の使用を要求している限度において，禁止（レッド）補助金である国産品優先使用補助金（補助金協定 3.1 条（b））に抵触する可能性がある。

一般的例外（GATT 20 条）

　GATT の実体規定（および TRIMs 協定）への抵触については，GATT 20 条の一般的例外による正当化が可能かが別途問題になる。

　一般に，CO_2 を排出しないクリーン自動車の普及のために補助金を支給することは，それ自体は，気候変動対策を通じて人や動植物の生命・健康を保護したり，清浄な大気という有限天然資源を保存するための措置として，GATT 20 条（b）項や（g）項で正当化されるケースもあると考えられる。

　しかしながら，米国の措置は，購入補助金の支給を通じてクリーン自動車の普及を図るという目的はともかくとしても，完成車やその部品・原材料を北米産か他国産かといった原産地の違いで産品を区別し，環境負荷が同じであっても域外原産のものには一切補助金を支給しないとしている点において，目的と手段の対応関係が見いだしにくく，GATT 20 条によって正当化することは容易ではないと考えられる。

安全保障例外（GATT 21 条）

　米国政府は，蓄電池部品・原材料の域内生産・域内調達要件の狙いとして，中国依存からの脱却という経済安全保障的な狙いがあることを明言しており，GATT 21 条の安全保障例外による正当化の議論が生じる可能性もある。

　一般論としては，気候変動対策の観点と経済安全保障的な観点が混在した措置について，GATT 20 条の一般的例外規定に加え，GATT 21 条の安全保障例外によって正当化できる場合はあると考えられる。もっとも，GATT 21 条は，「国家安全保障（national security）」を目的とする措置に関する規定であり，かつ，同条（a）～（c）項所定の要件を満たした場合に限って正当化を認めるものである。これに対し，「経済安全保障」という概念は，論者や文脈に

よってさまざまな意味で使われており，国際的な統一的な定義や国際法上の位置づけが確立されているわけではないし，単なる産業政策との区別が曖昧な部分もある[30]。そのため，経済安全保障を目的とする措置全般について，直ちに「国家安全保障」のための措置に関するGATT 21条に基づく正当化が認められるわけではない。

　実際，トランプ政権下で米国が発動した通商拡大法232条に基づく鉄鋼・アルミニウム製品に対する追加関税措置に関しては，米国は，これらの製品が防衛装備品や重要インフラなどにも使われることに鑑み，国内生産能力の維持が「究極的には米国の国家安全保障にとって不可欠である」ことを措置の根拠としていた[31]。しかし，この措置がWTO紛争解決手続で争われた事案で，パネルは，結論としてGATT 21条に基づく正当化を否定している[32]。この判断も踏まえれば，クリーン自動車補助金制度についても，単に国（域）内の生産基盤を強化し，中国依存を減らすといった目的である場合には，GATT 21条が前提とする「国家安全保障」との結び付きが希薄であるとして，同条に基づく正当化が認められない可能性が相応にあると考えられる。

(3) 小括

　米国のクリーン自動車補助金は，気候変動対策の一環としてクリーン自動車の普及や関連産業の育成を図るとともに，自国及び友好国の製品や原材料を優遇することで国内産業基盤の強化や投資誘致を図り，同時に中国依存を減らすという，経済安全保障（フレンドショアリング）的な発想の強い施策である。上記（2）で述べたように，本制度に基づく蓄電池部品や原材料の域内調達（ローカルコンテント）要件は内国民待遇義務に違反する可能性が高く，また，一般的例外等による正当化も容易でないと考えられ，WTO協定整合性の観点からは懸念が大きいといわざるを得ない。

　同時に，本書第1章および第2章で見たとおり，中国の台頭を背景に世界のパワーバランスが大きく変化し，WTO協定に基づく多国間通商秩序も相対化する中で，クリーン自動車補助金制度のように，気候変動対策と経済安全保障的（あるいは一方主義・相互主義的）な発想が交錯する場面は今後もますます増加することも想定される。

まとめ（環境・気候変動対策と対抗措置・相互主義）

　本章では，2050 年カーボンニュートラルに向けた世界の潮流を概観するとともに，WTO 協定をはじめとする通商ルールとの関係について，主要国の最新の政策も題材にしながら検討を行ってきた。

　2050 年カーボンニュートラルの実現を前提とした各国の施策は，単なる気候変動対策の枠を超えて，産業政策的な思惑や経済安全保障的な考慮が複雑に絡み合いながら大きく動いている。そのような中，WTO 協定を中心とする既存の多国間通商秩序は，ルール形成機能，既存ルールのエンフォース機能の両面から弱体化・相対化が進んでいる。国際通商法が各国の政策間の摩擦を調整・解決する機能を十分に果たせない状況が続くことを前提とすれば，今後も，気候変動対策の分野において，単独主義的措置，対抗措置・相互主義的措置がさらに増加することも予想される。

　いずれにしても，2050 年カーボンニュートラルを前提とすれば，人類にとって歩みを止めている時間的余裕はない。パリ協定や WTO 協定といった今ある枠組みを前提としつつ，脱炭素社会の実現に向けた各国の独自性やアイデアを最大限に尊重しながら，また，時には衝突も対話のきっかけとしてしたたかに活用しながら，気候変動対策を前に進めてゆくほかないとも考えられる。同時に，気候変動対策に名を借りた過度な保護主義や自国優先主義は，地球規模での対策の全体最適をむしろ損なうことが明らかであり，既存の国際通商法のルールも活用して適時・適切に是正してゆくことも重要と考えられる。

[注]
1　一般に，温室効果ガスとは，二酸化炭素（CO_2），メタン（CH_4），一酸化二窒素（N_2O），フロン類（HFCs，PFCs），六フッ化硫黄（SF_6），三フッ化硫黄（NF_3）などを指すが，中でも CO_2 は温室効果ガス排出の大半を占め，地球温暖化にもたらす影響が最も大きい。
2　気候変動に関する政府間パネル（IPCC）「1.5℃特別報告書」2018 年 10 月，https://www.ipcc.ch/sr15/。
3　前掲注2。
4　資源エネルギー庁「令和 2 年度エネルギーに関する年次報告」（エネルギー白書2021），https://www.enecho.meti.go.jp/about/whitepaper/2021/html/1-2-2.html。
5　第 203 回国会における菅内閣総理大臣（当時）所信表明演説，2020 年 10 月 26 日，https://

www.kantei.go.jp/jp/99_suga/statement/2020/1026shoshinhyomei.html。

6　地球温暖化対策推進本部決定「日本の NDC（国が決定する貢献）」令和 3 年 10 月 22 日，https://www.mofa.go.jp/mofaj/files/100285591.pdf。

7　「第五次環境基本計画」平成 30 年 4 月 17 日閣議決定，https://www.env.go.jp/policy/kihon_keikaku/plan/plan_5/attach/ca_app.pdf，13～15 頁。

8　European Commission, *Communication from the Commission to the European Parliament, the European Council, the Council, the European Economic and Social Committee and the Committee of the Regions—The European Green Deal*（COM（2019）640 final），11 December 2019, p. 5.

9　European Commission, *Communication from the Commission to the European Parliament, the Council, the European Economic and Social Committee and the Committee of the Regions—'Fit for 55': delivering the EU's 2030 Climate Target on the way to climate neutrality*, 14 July 2021）.

10　CBAM に関する規則案として，European Commission, *Proposal for a Regulation of the European Parliament and of the Council establishing a carbon border adjustment mechanism*, 14 July 2021, https://eur-lex.europa.eu/resource.html?uri=cellar:a95a4441-e558-11eb-a1a5-01aa75ed71a1.0001.02/DOC_1&format=PDF。

　　EU-ETS 強化に関する規則案として，*Proposal for a Directive of the European Parliament and of the Council amending Directive 2003/87/EC establishing a system for greenhouse gas emission allowance trading within the Union, Decision (EU) 2015/1814 concerning the establishment and operation of a market stability reserve for the Union greenhouse gas emission trading scheme and Regulation (EU) 2015/757*, 14 July 2021, https://eur-lex.europa.eu/resource.html?uri=cellar:618e 6837-eec6-11eb-a71c-01aa75ed71a1.0001.02/DOC_1&format=PDF。

11　CBAM に関する暫定合意のプレスリリースとして，Council of the EU, *EU climate action: provisional agreement reached on Carbon Border Adjustment Mechanism (CBAM)*, 13 December 2022, https://www.consilium.europa.eu/en/press/press-releases/2022/12/13/eu-climate-action-provisional-agreement-reached-on-carbon-border-adjustment-mechanism-cbam/; 'Fit for 55'; European Parliament, *Deal reached on new carbon leakage instrument to raise global climate ambition*, 13 December 2022, https://www.europarl.europa.eu/news/en/press-room/20221212IPR64509/deal-reached-on-new-carbon-leakage-instrument-to-raise-global-climate-ambition。

　　EU-ETS の改正に関する暫定合意のプレスリリースとして，European Commission, *'Fit for 55': Council and Parliament reach provisional deal on EU emissions trading system and the Social Climate Fund*, 18 December 2022, https://www.consilium.europa.eu/en/press/press-releases/2022/12/18/fit-for-55-council-and-parliament-reach-provisional-deal-on-eu-emissions-trading-system-and-the-social-climate-fund/; European Parliament, *Climate change: Deal on a more ambitious Emissions Trading System (ETS)*, 18 December 2022, https://www.europarl.europa.eu/news/en/press-room/20221212IPR64527/climate-change-deal-on-a-more-ambitious-emissions-trading-system-ets。

12　Council of the European Union, *Regulation of the European Parliament and of the Council establishing a carbon border adjustment mechanism (CBAM)* - Compromise text, 14 December 2022, https://data.consilium.europa.eu/doc/document/ST-16060-2022-INIT/en/pdf.

13　前掲注 11 記載の CBAM に関する暫定合意のプレスリリース参照。

14　前掲注 11 記載の EU-ETS 改正に関する暫定合意のプレスリリース参照。

15　See Panel Report, *US – Gasoline*, para. 6.37.

16　Appellate Body Report, *US – Shrimp*, para. 177.

17　日本経済新聞「グリーン地政学，広がる戦線　貿易から会計・データへ」2023 年 1 月 13 日，https://www.nikkei.com/article/DGXZQODK054250V00C23A1000000/ 参照。

18　経済施策を一体的に講ずることによる安全保障の確保の推進に関する法律施行令（令和4年政令394号）1条7号。

19　The White House, *Paris Climate Agreement—Acceptance on Behalf of the United States of America*, January 20, 2021, https://www.whitehouse.gov/briefing-room/statements-releases/2021/01/20/paris-climate-agreement/.

20　The White House, *FACT SHEET: President Biden Sets 2030 Greenhouse Gas Pollution Reduction Target Aimed at Creating Good-Paying Union Jobs and Securing U.S. Leadership on Clean Energy Technologies*, April 22, 2021, https://www.whitehouse.gov/briefing-room/statements-releases/2021/04/22/fact-sheet-president-biden-sets-2030-greenhouse-gas-pollution-reduction-target-aimed-at-creating-good-paying-union-jobs-and-securing-u-s-leadership-on-clean-energy-technologies/.

21　The White House, *Executive Order on Tackling the Climate Crisis at Home and Abroad, January 27*, 2021, https://www.whitehouse.gov/briefing-room/presidential-actions/2021/01/27/executive-order-on-tackling-the-climate-crisis-at-home-and-abroad/.

22　Public Law 117-169, 136 Stat. 1818, August 16, 2022, https://www.congress.gov/117/plaws/publ169/PLAW-117publ169.pdf.

23　The White House, *Executive Order on Strengthening American Leadership in Clean Cars and Trucks*, August 5, 2021, https://www.whitehouse.gov/briefing-room/presidential-actions/2021/08/05/executive-order-on-strengthening-american-leadership-in-clean-cars-and-trucks/.

24　Public Law 117-58, 135 Stat. 429, November 15, 2021, https://www.congress.gov/117/plaws/publ58/PLAW-117publ58.pdf

25　U.S. Department of Energy, *Biden-Harris Administration Awards $2.8 Billion to Supercharge U.S. Manufacturing of Batteries for Electric Vehicles and Electric Grid*, October 19, 2022, https://www.energy.gov/articles/biden-harris-administration-awards-28-billion-supercharge-us-manufacturing-batteries.

26　The White House, *Remarks by President Biden on the Bipartisan Infrastructure Law*, October 19, 2022, https://www.whitehouse.gov/briefing-room/speeches-remarks/2022/10/19/remarks-by-president-biden-on-the-bipartisan-infrastructure-law-6/.

27　なお，エネルギー省のウェブサイト（https://afdc.energy.gov/laws/electric-vehicles-for-tax-credit）では，北米で組立工程が行われているモデルのリストが公開されている。

28　U.S. Department of the Treasury, *Treasury Releases Additional Information on Clean Vehicle Provisions of Inflation Reduction Act*, December 29, 2022, https://home.treasury.gov/news/press-releases/jy1179.

29　例えば，時事通信「米EV支援，国産を優遇　海外勢不利，『WTO違反』指摘も」2022年8月19日，https://www.jiji.com/jc/article?k=2022081800591&g=int；日本経済新聞「米国のEV支援策に懸念表明　経産相，米商務長官と会談」2022年9月8日，https://www.nikkei.com/article/DGXZQOUA086HM0Y2A900C2000000/参照。

30　例えば，2022年12月16日に閣議決定されたわが国の国家安全保障戦略では，経済安全保障を「我が国の平和と安全や経済的な繁栄等の国益を経済上の措置を講じ確保すること」を定義している。特に後段の「経済的な繁栄」の確保のための措置については，少なくとも文面上は，さまざまな産業政策が広く含まれ得ると考えられる。

31　U.S. Department of Commerce, *The Effect of Imports of Steel on the National Security*, January 11, 2018, https://www.commerce.gov/sites/default/files/the_effect_of_imports_of_steel_on_the_national_security_-_with_redactions_-_20180111.pdf, pp. 2-5; *The Effect of Imports of Aluminum on the National Security*, https://www.commerce.gov/sites/default/files/the_effect_of_imports_

of_aluminum_on_the_national_security_-_with_redactions_-_20180117.pdf, January 17, 2018, pp. 2-5.

32　E.g. Panel Report, *US – Steel and Aluminium Products (China)*, para. 7. 149.

索　引

【数字・アルファベット】

1 次制裁　60, 76
1.5℃特別報告書　102
1.5℃の追求　101, 102
2 次制裁　60, 62, 64
2℃目標　101, 102
50％ルール　61, 62, 76
1962 年通商拡大法 232 条　19
2022 年インフレ抑制法　116
2050 年カーボンニュートラル　99, 101
CBAM　109, 110
CBAM 証書　109
COCOM（対共産圏輸出統制委員会）　3
DS379　35, 46
DS397　34
DSB　36, 37
EU-ETS　108, 110
EU 機能条約 215 条　17
EU 基本条約 29 条　17
EU 理事会　17
FIT・FIP 制度　104
Fit for 55　106
GATT　3
　　──21 条　19
　　──22 条　28
　　──23 条　28
　　──の紛争解決制度　27, 28
jus ad bellum　56
jus in bello　56, 57
MPIA　48
SDN リスト　60-64, 76
WTO　3, 4, 5
　　──上級委員会問題　27
　　──の紛争解決制度　27, 29, 30
WTO 事務局　43
　　──上級委員会事務局　43

【ア行】

アジアインフラ投資銀行（Asian Infrastructure

Investment Bank, AIIB）　83
新たな均衡点　7
暗示的カーボンプライシング　104
安全保障問題化（securitisation）　115
アンチダンピング協定 17.6 (ii) 条　33, 34, 42
安保理の機能回復　11
一審制　29
一帯一路　82, 83, 96
インフラ投資雇用法（IIJA）　116
インフレ抑制法　105
ウィーン条約法条約　42
エンティティリスト　16, 62, 76
欧州グリーンディール　106
欧州排出取引制度（EU-ETS）　106, 107
温室効果ガス　99

【カ行】

カーボンプライシング　104
カーボンリーケージ　105, 108
外国為替及び外国貿易法（外為法）　17
外国直接投資（Foreign Direct Investment,
　　FDI）　83
核心的利益　81, 90
関税及び貿易に関する一般協定（GATT）　2
気候安全保障（climate security）　115
気候変動対策　101
気候変動枠組条約締約国会議（COP）　101
規制的手法　103
強制外交　81, 84
強制技術移転　92, 93
京都議定書　101
国が決定する貢献（NDC）　102
クリーン自動車補助金　100, 105, 115-117, 120
グローバリゼーション　4
グローバル・バリュー・チェーン（GVC）　4
経済安全保障　81, 115, 120, 121
経済制裁　15, 16
経済的威圧（economic coercion）　20, 81, 84
経済的手法　104

懸念のある外国企業（foreign entity of concern）
　118
公的機関　34, 35
国際秩序　1, 5, 6
　──上の制裁措置　14, 21
　──の機能不全　1
国際通商秩序　4-6
国際法委員会（ILC）　15
国際レジーム　5, 6
国際連合気候変動枠組条約（UNFCCC）　101
国連安全保障理事会　1, 8, 12, 13
国連憲章2条4項　8, 14
国連憲章41条　9
国際通商秩序　2
国家緊急経済権限法（IEEPA）　16
国家責任条文　15

【サ行】

財務省外国資産管理室（OFAC）　16
司法積極主義　42
上級委員会　27
重要鉱物資源（critical mineral）　118
渉外法治　86, 87, 97
渉外法律闘争　80, 87, 90-92
渉外法律法規　87, 92, 97
上級委員　36-40
上級委員会　2, 29, 32, 38-40
　──問題　46
新グローバリゼーション　82
新興国　6, 7, 12
人類運命共同体　82, 83, 96
セーフガード協定第8条　19
世界貿易機関（WTO）　1
ゼロイング　32, 34
総体国家安全観　92
ソ連経済　10, 11
　──の失敗　10

【タ行】

対外直接投資　68, 69
対抗措置　14, 15, 21, 22
タイプC口座　72-74, 77
対ロシア制裁　12, 17, 18
多国間暫定上訴仲裁協定（MPIA）　40

炭素国境調整メカニズム（CBAM）　100, 105
炭素税　104, 114
地球温暖化　99
秩序の再構築　7, 47
中華人民共和国技術輸出入管理条例　93
中華人民共和国個人情報保護法　93
中華人民共和国データ安全法　93
中華人民共和国反外国制裁法　93
中華人民共和国輸出管理法　91
中国の急速な台頭　4
朝鮮戦争　9
データ越境制限　92, 93
デタント（緊張緩和）　9
特別指定（SDN）リスト　16
トランプ政権　2, 35

【ナ行】

二審制　29
日本のGATT加盟　3
ネガティブ・コンセンサス方式　29

【ハ行】

排出量取引（キャップアンドトレード）　104,
　114
パネル　29
パリ協定　99, 101, 116
パワー分布　6
反威圧手段規則案　20
反外国制裁法　20
非友好国　71
武力行使禁止原則　56
プレッジ＆レビュー　102
紛争解決機関（DSB）　33
米国内国歳入法典（Internal Revenue Code of
　1986）　117
ポジティブ・コンセンサス方式　29
補助金　104

【マ行】

マラケシュ協定9条2項　43, 48
無償割当方式　107, 108
明示的カーボンプライシング　104, 114

【ヤ行】

有償割当（オークション）方式　107, 108
輸出管理改革法（ECRA）　16
輸出管理規則（EAR）　16

【ラ行】

リバランス措置　19

ルール 15　37
冷戦　8, 9
　——の終結　9, 10
レジーム機能のリバランス　47
レジームの機能　6
ローカルコンテント要件　120

執筆者紹介（執筆順）

西脇　修（にしわき　おさむ）　担当：編者，はしがき，第1章，第2章

前政策研究大学院大学特任教授，上智大学国際関係研究所客員研究員
1993年東京大学法学部卒業。1997年タフツ大学フレッチャー法律外交大学院修了（MALD）。博士（政策研究）。1993年通商産業省（現経済産業省）入省。三重県農水商工部産業支援室長，内閣官房東日本大震災復興対策本部事務局企画官，貿易経済協力局安全保障輸出管理国際室長，通商政策局通商機構部参事官（ルール）兼国際経済紛争対策室長，同参事官（総括担当），貿易経済協力局戦略輸出交渉官等を歴任。主要著書：『米中対立下における国際通商秩序　パワーバランスの急速な変化と国際秩序の再構築』文眞堂，2022年，『国際通商秩序の地殻変動』（共編著）勁草書房，2022年，『人口減少・少子高齢化社会の政策課題』（共編著）中央経済社，2023年。

松本　泉（まつもと　いずみ）　担当：第3章

ベーカー＆マッケンジー法律事務所カウンセル弁護士
1981年千葉県柏市生まれ。2007年に経済産業省入省。通商政策局ロシア・中央アジア・コーカサス室長等を歴任し，2020年7月に退官。2021年2月より現職。ハーバード・ロースクール法学修士。

土屋貴裕（つちや　たかひろ）　担当：編者，第4章

京都先端科学大学経済経営学部准教授
慶應義塾大学環境情報学部環境情報学科卒業。一橋大学大学院経済学研究科修士課程修了。防衛大学校総合安全保障研究科後期課程卒業。安全保障学博士。在香港日本国総領事館専門調査員などを経て現職。著書に，『習近平の軍事戦略：「強軍の夢」は実現するか』（共著，芙蓉書房出版，2023年）ほか多数。

宮岡邦生（みやおか　くにお）　担当：第5章

弁護士・ニューヨーク州弁護士／森・濱田松本法律事務所パートナー
通商法，紛争解決，規制対応を専門とする。2007年東京大学法科大学院卒，2013年コロンビア大学ロースクール卒（LLM）。2009年森・濱田松本法律事務所。経済産業省通商政策局任期付職員（2014〜2016），世界貿易機関上級委員会事務局法務官（2017〜2020）を経て現職。

新時代の相互主義 地殻変動する国際秩序と対抗措置

2023 年 8 月 1 日　第 1 版第 1 刷発行　　　　　　　　　　検印省略

編著者　　土　屋　貴　裕
　　　　　　西　脇　　　修

発行者　　前　野　　　隆

　　　　　　東京都新宿区早稲田鶴巻町 533
発行所　　株式会社 文　眞　堂
　　　　　　電　話 03 （3202）8480
　　　　　　ＦＡＸ 03 （3203）2638
　　　　　　https://www.bunshin-do.co.jp
　　　　　　〒162-0041 振替00120-2-96437

製作・モリモト印刷
©2023
定価はカバー裏に表示してあります
ISBN978-4-8309-5229-6 C3031